铸牢中华民族共同体意识

MEILIZHONGGUO HEXIEJIAYUAN
MINZUZIZHIDIFANG FAZHANCHENGJIUZHAN XUNLI

美丽中国·和谐家园

民族自治地方发展成就展巡礼

阿坝藏族羌族自治州卷

民族文化宫　编

民族出版社

美丽中国·和谐家园

民族自治地方发展成就展巡礼

总　序

为全面宣传党的民族政策和中国特色解决民族问题正确道路的成功实践及其取得的巨大成就，国家民委自2013年起，在民族文化宫举办“美丽中国·和谐家园——中国少数民族经济社会文化系列展”。展览以习近平新时代中国特色社会主义思想为指导，深入贯彻落实习近平总书记关于加强和改进民族工作的重要思想，以铸牢中华民族共同体意识为主线，全方位展示我国民族地区经济建设、政治建设、文化建设、社会建设和生态文明建设取得的巨大成就，充分展现中华文化的多彩之美、民族关系的和谐之美、民族地区的自然之美。

截至目前，已有5个自治区、20个自治州和部分自治县成功举办发展成就展。这些展览，一方面生动宣传了党的民族政策和民族区域自治制度，全面展现了中华民族一家亲、同心共筑中国梦的时代风貌；另一方面，也成为展示民族地区经济社会文化发展的重要窗口，成为保护和传承各民族优秀传统文化、增进各民族交往交流交融的重要载体，对促进新时代民族地区高质量发展具有重要意义。

为打造“永不闭幕”的民族自治地方成就展，书写新时代、展现民族地区新风采的“微型百科全书”，在中国共产党成立100周年之际，按照国家民委的部署，民族文化宫组织编纂了《美丽中国·和谐家园——民族自治地方发展成就展巡礼》系列丛书。

《巡礼》系列丛书计划编纂30册，每个民族自治州独立成册，视办展情况陆续出版。每册内容包括序篇、奋进历程篇、建设成就篇、民族团结篇、自然人文篇等5个篇章，以图片、数据、图表、文字相结合的方式呈现。系列丛书记述民族自治地方发展历程，以全面反映改革开放以来特别是党的十八大以来，在党的民族政策的光辉照耀下民族自治地方发生的历史性巨变，为广大读者及大专院校、科研机构提供参考。

《美丽中国·和谐家园——民族自治地方发展成就展巡礼》系列丛书编委会

目　录

序　篇 / 1

奋进历程篇 / 11

一、建置沿革变迁概况 / 14

二、民主改革胜利完成 / 18

三、民族区域自治新篇 / 23

四、改革开放绘就蓝图 / 27

五、灾后重建大爱家园 / 49

建设成就篇 / 59

一、经济建设跨越发展 / 62

二、政治建设不断加强 / 94

三、文化建设欣欣向荣 / 104

四、社会事业快速发展 / 130

五、生态建设持续提升 / 177

目 录

民族团结篇 / 191

一、团结进步基石牢固 / 194

二、创新阿坝创建模式 / 196

三、团结进步示范典型 / 203

自然人文篇 / 211

一、自然资源富饶优渥 / 214

二、旅游资源得天独厚 / 224

三、历史古迹风景名胜 / 247

四、境内物产丰饶多样 / 267

结 语 / 275

后 记 / 276

序　篇

黑水达古冰川仙女湖

阿坝藏族羌族自治州（以下简称“阿坝州”）位于四川省西北部，东经100°30′～104°27′，北纬30°35′～34°19′之间。北部与青海、甘肃两省相邻，东、南、西三面分别与省内的绵阳市、德阳市、成都市、雅安市及甘孜藏族自治州接壤。南北长约414千米，东西宽约360千米，总面积84242平方千米。截至2019年年底，辖1市12县，即马尔康市、阿坝县、若尔盖县、红原县、壤塘县、金川县、小金县、理县、汶川县、茂县、黑水县、松潘县、九寨沟县。自治州人民政府驻马尔康市马尔康镇。全州户籍人口89.93万人，其中，藏族53.50万人、羌族16.71万人、汉族16.73万人、回族2.81万人，其他民族0.17万人，占总人口的比例分别为59.5%、18.6%、18.6%、3.1%、0.2%。户籍人口中，城镇25.35万人，

落日朗瀑布

乡村 64.58 万人。常住人口 94.6 万人，常住人口城镇化率 41.15%。阿坝州是以藏族和羌族为主，由藏族、羌族、汉族、回族等民族共同组成的一个团结和睦的家园，是四川省第二大涉藏地区和我国羌族主要聚居区。

阿坝州古属禹贡梁州之域、蜀山蚕丛氏生息之地，历史悠久。周慎王五年（前 316 年）秦灭巴、蜀，后置蜀郡并于州境置湔氐道隶之。汉武帝元鼎六年（前

111年），开西南夷，以冉駹故地置汶山郡，辖绵虒县、湔氐道、汶江县、广柔县、蚕陵县。白水上游氐人聚居地，置甸氐道，属武都郡。此后，历代封建王朝均有建制管理。民国初年改厅、州为县，民国十六年（1927年）在茂县设置“四川省松、理、懋、茂、汶屯殖督办公署”，将松潘、理番、懋功、茂县、汶川5县和抚边、绥靖、崇化3屯划为屯殖区。民国二十五年（1936年）改置“四川省第十六

行政督察区专员公署”，同年经南京国民政府批准将绥靖屯和崇化屯合置靖化县并兼管绰斯甲土司地，至此十六区辖茂县、松潘、汶川、理番、懋功、靖化6县。民国三十四年（1945年）理番县更名为理县。

民国二十四年（1935年）5月至翌年8月，中国工农红军长征在州境内转战停留达16个月之久，开辟“金川赤区”“松、理、茂赤区”，创建茂县、汶川、理番苏维埃政府，隶“川陕省苏维埃政府”。

1949年12月—1950年10月，州境原十六区各县相继解放。1950年2月建立茂县专区，隶属川西行政区，治所茂县凤仪镇，辖茂县、汶川、理县、懋功、靖化、松潘6县。1952年8月，专区改隶四川省。1953年3月撤茂县专区，设立四川省藏族自治区（地区级），辖松潘、茂县、理县、汶川、靖化、懋功和梭磨、卓克基、松岗、党坝、绰斯甲土司地及阿坝、若尔盖12部落。同年政务院批准设立阿坝县、藏族自治区马尔康办事处（县级）、黑水县、绰斯甲县、南坪县、若尔盖县；靖化、懋功县分别更名为大金县、小金县。1954年3月，四川省藏族自治区首府驻地由茂县凤仪镇迁往刷经寺。1955年11月，四川省藏族自治区更名为阿坝藏族自治州。1956年4月，撤销藏族自治区马尔康办事处，设马尔康县。1958年4月，撤销茂县、汶川两县，设茂汶羌族自治县。1958年5月，自治州首府驻地由刷经寺迁至马尔康。1958年10月，置壤塘县。1959年6月，绰斯甲县的观音桥、周山两区并入大金县，大金县更名为金川县。1960年8月，撤销理县，置红原县，原理县杂谷脑、米亚罗两区并入茂汶羌族自治县，马塘乡并入马尔康县；撤销南坪县，并入松潘县；撤销绰斯甲县，并入金川县和壤塘县。1963年2月，恢复汶川、理县、南坪3县，茂汶羌族自治县人民委员会驻地由威州镇迁至凤仪镇。1983年3月，建汶川卧龙特别行政区（县级），将汶川县卧龙、耿达两地划归特区，实行林业部、四川省双重领导体制，由四川省林业厅代管。1987年7月，阿坝藏族自治州更名为阿坝藏族羌族自治州，同年12月，茂汶羌族自治县更名为茂县，汶川、理县、松潘3县的13个羌族乡撤销。1998年2月，南坪县更名为九寨沟县。2015年11月，马尔康县撤县建市。

阿坝州地处青藏高原东南缘与四川盆地西北部边缘交错接触带。地层出露，受龙门山古陆和古海湾阻隔，形成两大地层分区；地质构造总属四川省西部地槽

曼扎塘湿地

区，并处在东部地台区与西部地槽区的梯级过渡带——龙门山褶断带上。地貌区域分异明显，大致以米亚罗—芦花—知木林—镇江关一线为界，以北为高山峡谷向高原面过渡的山原区，属水系发源地；以南为高山峡谷区，山高谷深坡陡，区内东南部为中山峡谷地貌。地表整体轮廓为典型高原，平均海拔为 3500 ~ 4000 米，由丘状高原和分割山地组成，从西向东呈现出平坦高原—丘状高原（山原）—山地的变化，海拔高度也由西向东逐渐降低，切割强度由东向西减弱。地表海拔高程大多介于 2500 ~ 4000 米，占州境总面积的 77.83%。在海拔 3500 米左右呈现一个平坦的阶梯面，构成高原面的主体。山势南高北低，河谷地势西北高东南低，山川呈北东至南西走向。海拔大于 4500 米处大致在雪宝顶—羊拱山—加日顶—亚拉山—加则山一线以南，岷山、龙门山、邛崃山约呈北南伸延，构成涪江、岷江和大渡河流域大、小金川的分水岭，河流呈由北向南或南西流向；北部海拔低于

九寨沟五色池

阿坝藏戏

4500米，以羊拱山和查针梁子为长江黄河流域分界线，地势由南向北倾斜，白河、黑河等由南向北注入黄河。地貌类型复杂多样，高原包括高平原、丘状高原和高山原，山地峡谷主要有低中山、中山、高山、极高山和山原——其间分布着平坝或台地，其主体地貌为山地，约占总土地面积的88.17%。州境北部浅切的河流蜿蜒缓流呈现谷地宽展、丘陵和缓起伏的丘状高原、高平原景观；东南部切割强烈，形成高差悬殊的地势，在水平距离极短的范围内海拔高度发生急剧变化。区内发育着一系列平行展布的深大断裂，且地层褶皱强烈、多倒转褶曲，岩层节理、裂隙发育破碎，谷坡陡峻，重力地貌十分发育，致使山崩、滑坡和泥石流频发。

复杂多样的地理环境，造就了阿坝州富饶优渥的自然资源。境内有脊椎动物资源553种。其中，国家一级保护动物有大熊猫、金丝猴、梅花鹿等23种，二级保护动物53种。有珙桐、红豆杉、岷江柏、紫果云杉等珍稀野生植物资源1500余种，其中药用植物1200种，芳香油植物70种。虫草、贝母、麝香、鹿茸、天麻、黄芪、党参等名贵药材和羌活、秦艽、大黄等大宗药材十分丰富，堪称“天然药库”。有大小河流530余条，多年平均水资源总量446亿立方米。水能理论蕴藏量1933万千瓦，可开发量1400万千瓦。矿产资源丰富，已发现矿种55个，大型矿床12处，中型矿床10处，小型矿床36处。优势矿种有金、锂、花岗石、大理石、水泥用石灰石、泥炭、石榴子石、褐煤等。其中，金矿已探明黄金储量

116吨，约占四川省的49%；锂辉矿已探明储量（矿石量）1546.5万吨，居四川省第二位；大理石已探明储量1239万立方米，占四川省的33%，优势品种“蜀金伯”被列入全国80个“名特石材品种”；水泥用石灰石已探明储量5000万吨，占全省的22%，远景资源储量在20亿吨以上，居四川省第一；泥炭已探明储量5000万吨，远景资源储量在19亿吨以上，居世界之首；石榴子石为四川省内独有，已探明储量1398万吨。

独特的生态环境、历史际遇和各民族人民的智慧创造，成就了阿坝州以神奇的自然生态景观、光辉的长征文化和瑰丽多姿的民族民俗文化为显著特色的旅游资源。连绵起伏的山川，纵横交错的江河，广袤的草原湿地，珍稀多样的动植物，演绎着自然造化的神奇。全州有各类各级自然保护地62处，其中，自然保护区25处，森林公园10处，湿地公园6处，风景名胜区10处，地质公园5处，自然遗产6处，数量位居四川省第二。九寨沟、黄龙风景名胜区和卧龙、四姑娘山、夹金山大熊猫栖息地先后列入世界自然遗产。阿坝州是红军长征走过的“雪山草地”，有阿坝长征干部学院、红军长征纪念总碑碑园、红军长征纪念馆和小金两河口遗址、马尔康卓克基会议旧址、红原瓦切红军长征纪念遗址、若尔盖巴西会议旧址等红色旅游经典景区，已成为弘扬红军长征精神、加强革命传统教育和党性锤炼的生动课堂。阿坝州是多彩的“民族走廊”，民族文化积蕴深厚。有各类不可移动文物2 132处，其中全国重点文物保护单位16处32个点，省级文物保护单位67处，州级文物保护单位94处。国家级非遗项目19项，省级非遗项目77项，州级非遗项目457项，国家、省、州级传承人466名。

70年来，在党的民族政策光辉照耀下，在党中央、国务院和四川省委、省政府的坚强领导下，阿坝州委、州政府团结带领全州各族人民踊跃投身革命建设和改革发展事业，砥砺奋进，接力前行，实现了从封建农奴制社会到社会主义社会的伟大跨越，迎来了改革开放后经济社会的持续发展和“5·12”汶川大地震灾后大爱家园重建的精神洗礼。特别是党的十八大以来，阿坝州坚持以习近平新时代中国特色社会主义思想为指导，坚持“四个全面”战略布局，全面践行新发展理念，统筹推进经济建设、政治建设、文化建设、社会建设、生态文明建设，开启了阿坝州稳州兴州、高质量发展新篇章和新时代中国特色社会主义事业新局面。

阿坝州大地发生了历史性、根本性、全局性的变化。

立足自身优势和川西北生态示范区定位，阿坝州持续推进建设全国民族团结进步示范州、国家生态建设示范区、国家全域旅游示范区，早日建成生态美丽、和谐幸福、富裕小康家园的“一州两区三家园”战略；着力构建“一屏四带、全域生态”发展新格局；大力培育“三地共建、五业同优”产业新体系。今天的阿坝州，生态保护建设、生态产业发展、生态惠民利民“三篇文章”深入人心，绿色发展迈出坚实步伐，生态底色更加亮丽。全域旅游、特色农牧、清洁能源、民族文化、“飞地”经济“五业同优”，竞相发展，国际生态文明旅游目的地、现代高原特色农牧业基地、国家级清洁能源基地建设成果累累；供给侧结构性改革成效显著，综合经济实力不断增强，经济发展取得历史性跨越。民族团结进步示范区（单位）创建和“三家园”建设成就喜人，决战脱贫攻坚、决胜全面小康取得决定性成就，文化事业和文化产业欣欣向荣，民生和社会事业快速发展，现代综合交通等基础设施建设全面提速，人民生活质量显著提升；经济社会发展基础进一步巩固，区域发展能力和人民群众的获得感、幸福感、安全感不断增强。

2015 年 9 月 4 日至 9 月 10 日，由国家民委和四川省人民政府主办，中共阿坝州委、阿坝州人民政府、民族文化宫、四川省民宗委承办的“美丽阿坝·相约北京——阿坝藏族羌族自治州成就展”在民族文化宫成功举办。展览以阿坝州各族人民“共同团结奋斗、共同繁荣发展”为主线，以 60 余年来取得的卓越成就为主题，通过成就展览、非遗展演、文艺演出、生态农畜产品展卖、商务旅游推介和集中广泛的媒体宣传等活动，全面展示建州以来阿坝州革命、建设、改革和发展的恢宏历程及取得的卓越成就，集中体现了阿坝各族人民和睦相处、共同奋进的精神风貌，充分展示了民族区域自治制度在阿坝的成功实践，有力地促进了阿坝州优势资源和知名品牌的宣传推广，成功签订 284 亿合作项目，取得显著的政治效益、经济效益、文化效益和社会效益。

奋进历程篇

美丽新阿坝 · 幸福新家园

千百年来，生活在阿坝土地上的各族人民相互融合、共同发展，用勤劳和智慧共同创造出悠久璀璨的文化。中华人民共和国成立的灿烂阳光温暖着阿坝大地，改革开放的浩荡春风吹拂着藏寨羌乡。在党的民族政策光辉照耀下，阿坝各族儿女沿着中国特色社会主义道路阔步前行，豪迈跨越，开启了一段史诗般的壮丽航程。阿坝州发生了翻天覆地的变化，实现了从闭塞落后到全方位开放发展的伟大历史性转变。

一、建置沿革变迁概况

阿坝历史悠久，远在五六千年前的新石器时代，就有人类生息繁衍。古蜀蚕丛时代曾建都于蚕陵（今茂县叠溪）。

公元前 316 年秦灭巴、蜀，后置蜀郡并于岷江上游东岸设置湔氐道，管理岷江流域诸民族事务。秦汉之际，岷江流域上游形成了冉、駹两个大的部落或部落联盟。公元前 2 世纪，汉武帝积极开发西南地区，派遣司马相如对少数民族进行安抚，并于公元前 111 年以冉、駹部落为中心，设置汶山郡，领绵虒、湔氐、汶江、广柔、蚕陵 5 县。郡治在绵虒县，即今汶川县的绵虒镇。

蜀汉、魏晋南北朝及隋代时，仍设汶山郡。唐代在今茂、汶川、松潘、黑水、马尔康一带设置正州、府及一些羁縻州。唐代吐蕃政权兴起并统一诸部后，将势力扩展到今阿坝西北部，也建立了一些管理机构，与唐朝的力量形成拉锯之势。

宋代，阿坝地区设两个郡，即茂州通化郡（茂县凤仪），威州维川郡（理县薛城），管理上仍沿袭唐代的“羁縻州”制度。宋初开始，茂州成为当地政治、军事、经济中心，不少汉人移入岷江上游沿岸地区。

元代，阿坝地区设两州一司，即茂州、松州和松潘宕迭威茂等处军民安抚司。公元 1283 年改安抚司为宣抚司，同时将司治迁至今汶川县威州镇，后又将司的治所迁回到松潘进安镇。安抚司，后又改名千户所，是实行土司制度的起始。

明代，在阿坝地区除仍设置州、县外，还广泛推行土司制度。明朝统治者在阿坝地区实行军事统治。公元 1377 年，“平羌将军”丁玉率兵征威州，次年设茂州卫、松州卫、潘州卫、威州千户所、叠溪千户所。后又置小河千户所。但是，明朝的军事统治遭到了藏、羌人民的反抗，因而继续实行土司制度，并使之进一步完备化。

清初，对明以来的土司继续加以委任，前后共置 20 余处。清乾隆年间开始实行改土归流，至道光年间，羌族地区的“改土归流”大体完成。清中叶以后，中央王朝在阿坝地区的部分地方推行里甲制。清末，又将一些地方的里甲制改为团甲制，即县以下设若干团，团设团总、团首，再下是甲，一甲为 10 户。

民国初期，阿坝地区为四川松理懋茂汶屯殖区，辖 5 县，即茂县、汶川县、

卓克基土司官寨

理番县、懋功县、松潘县。1936 年，屯殖区改为四川省第十六行政督察区，并增置靖化县。1935 年 5 月至 1936 年 8 月，中国工农红军长征转战停留州境期间，开辟松理茂赤区和大小金川革命根据地，创建了格勒得沙共和国中央革命政府。

1949 年 12 月—1950 年 10 月，州境原十六区各县相继解放，至 1952 年，今阿坝州全境获得解放。1950 年 2 月建立茂县专区，隶属川西行政区，1952 年 8 月，专区改隶四川省。1953 年 3 月撤茂县专区，建立四川省藏族自治区（地区级）。1955 年 11 月改为阿坝藏族自治州（州府驻刷经寺，1958 年迁马尔康）。1987 年更名为阿坝藏族羌族自治州，同时撤茂汶羌族自治县，恢复为茂县。

格勒得沙共和国中央革命政府旧址

红军炸弹炸药厂旧址

红四方面军总医院旧址

徐向前指挥部旧址

格勒得沙共和国
国家药店旧址

红军被服厂旧址

红军军械修理厂旧址

阿坝州成立二十周年庆祝大会

阿坝州成立三十周年庆祝大会

阿坝州成立四十周年庆祝大会

阿坝州成立五十周年庆祝大会

阿坝州成立六十周年庆祝大会

二、民主改革胜利完成

中华人民共和国成立前，阿坝地区的社会形态基本上处于封建社会发展阶段。在封建地主经济占主导地位的汶川、理县、茂县等地，土地占有的两极分化十分严重，占总户数8.5%的地主、富农，占有耕地面积的34%，还占有大片森林、草山、牧场和水渠。黑水及草地等地区仍处于封建农奴制阶段，农奴主拥有绝对的政治、经济大权。在牧区的部分地区，藏传佛教寺院上层喇嘛和世俗封建统治者（土司、头人等）相互联合，借助宗教力量对人民进行压迫和奴役，形成了农奴主、牧主和寺院上层喇嘛三者联合的统治制度。因社会制度的落后，阿坝地区农牧业生产水平十分低下，各族人民不仅要遭受繁重的地租、劳役、税捐和高利贷的盘剥，而且受战祸兵匪的袭扰，终年劳累而不得温饱和安宁。

1950年1月至10月，人民解放军解放了阿坝地区6县，建立了人民民主政权，从行政上标志着阿坝地区各县已实现了新旧政权的更替。但实际情况是，茂

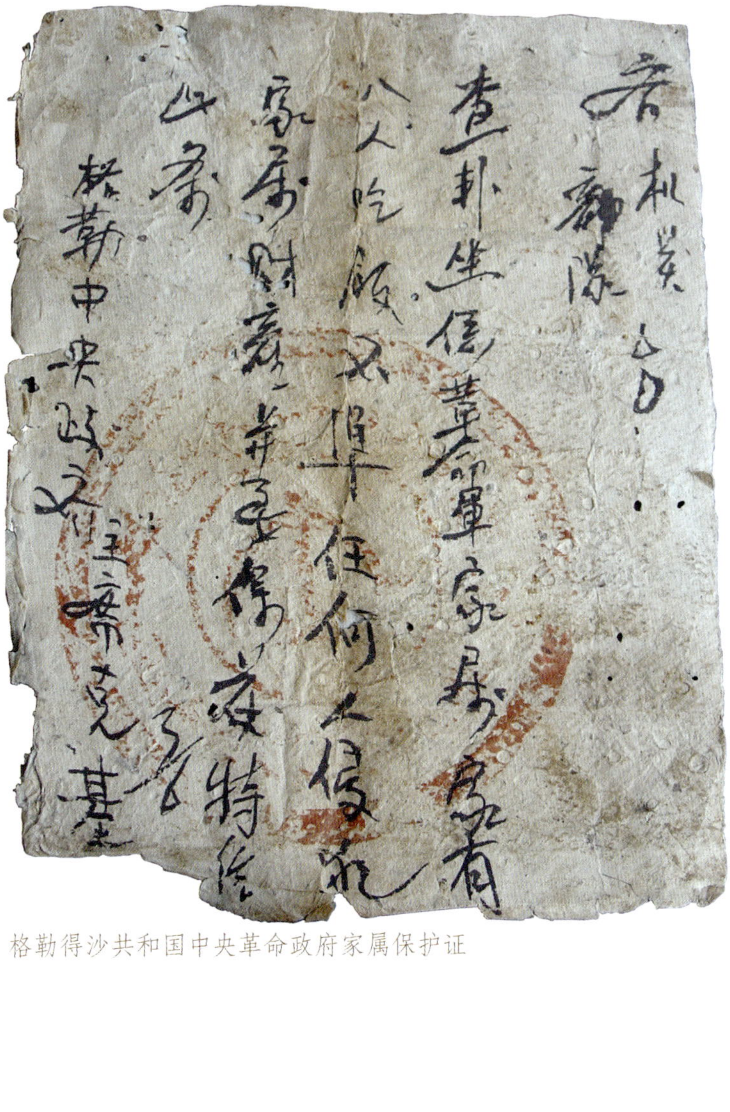

格勒得沙共和国中央革命政府家属保护证

红军刻写的石碑

红军用汉文、藏文书写标语

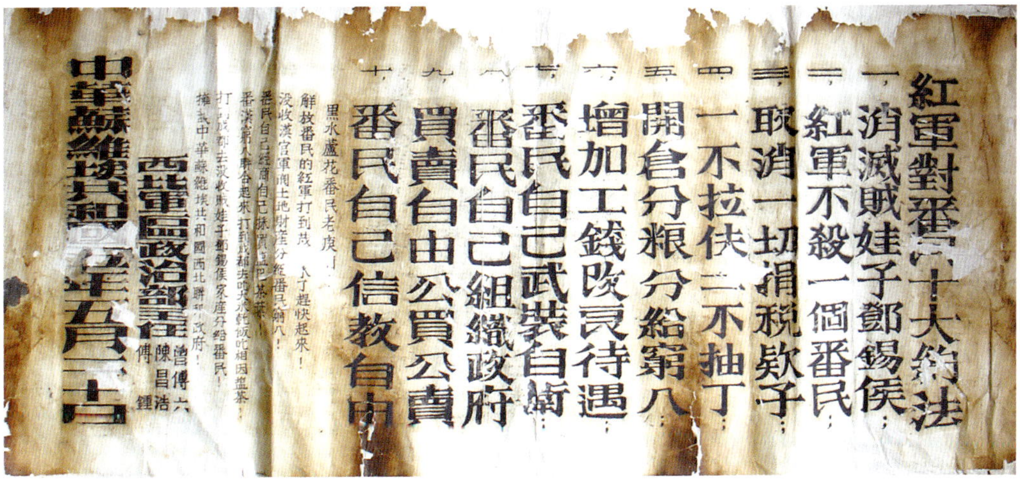

紅軍對番民十大約法

一、消滅賊娃子鄧錫侯；

二、紅軍不殺一個番民；

三、取消一切捐稅欵子；

四、一不拉伕二不抽丁；

五、開倉分粮分給窮人；

六、增加工錢改良待遇；

七、番民自己武裝自衛；

八、番民自己組織政府；

九、買賣自由公買公賣；

十、番民自己信教自由

黑水蘆花番民老庚！

解放番民的紅軍打到茂 丁趕快起來！

擁護中華蘇維埃共和國西北聯邦政府！

西北軍區政治部主任 曾傳六 陳昌浩 傅鍾

中華蘇維埃共和國[illegible]年五月二古

红军对番民十大约法

县地委和专署有效领导的地区还仅限于整个阿坝地区的东部和南部，而中部和西北大部分地区的实际控制权还掌握在当地几个主要的民族上层人士手中。他们表示欢迎解放、接受党和人民政府的领导，但在自己统辖的地区则限制解放军和工作组的进驻和人民政权的建立。同时，大批的国民党残部、特务、惯匪等潜伏在各地，拉拢少数民族上层人士，发展反革命武装，对抗解放军的进军，因此，阿坝地区完全解放的任务还有待继续完成。

金川县安宁小学《十大政纲》

小金县美兴镇三关桥红军石刻标语

马尔康市脚木足乡孔龙村红军石刻标语

1954年，在四川省藏族自治区首届各族各界代表会议第三次会议上通过了对岷江以东羌、汉居住地区进行土地改革的决定。1954年冬，在汶川的羌、汉杂居区进行民主改革试点。接着，实施依靠农牧民、团结民族宗教界中上层爱国人士和平协商改革的方针，稳步在岷江以东的民族杂居乡进行了土地改革，至1955年春结束。

1955年11月，开始在松潘、理县、茂县、汶川、大金、小金、南坪、黑水、绰斯甲和四土（今马尔康地区）10个县和地区全面开展土地改革运动。1956年4月，农区土改基本结束。共划出地主3300余户，占总农户的5.33%；富农1300余户，占总农户的2.39%；地主、富农共占总农户的7.72%。没收地主和征收部分富农出租部分的土地47万余亩，征收地主多余房屋2.6万余间，耕畜1.5万余头，农具17.9万余件，全部分配给了3.8万户无地缺地的贫苦农民。分得胜利果实的农户占总农户的63.47%，平均每户分得土地12.37亩。解放的农奴占农区奴隶总数的90%以上。

民主改革中，根据有利于民族团结、有利于发展生产的原则，充分考虑民族地区特点，在土改中，只没收地主的土地，征收其多余的房屋、农具、耕畜，不动底财，不算旧账，不进行面对面的斗争，保护畜牧业和工商业。本着“长期团结、教育、改造”的方针，在民主改革中对少数民族上层人士都妥善地进行了安置和照顾。对有工作条件且愿意参加工作的都安排了工作，年老体弱不能参加工作的，在生活上给予适当补贴。共安置少数民族领袖人物和宗教界人士65人。土地改革中，培养了乡、村干部和积极分子2万余人，大批少数民族积极分子被吸收为地方干部，成为民族干部的骨干。

1956年，部分地主、富农进行反攻倒算。1957年，阿坝州第一届人民委员会第四次扩大会议对地主、富农的反攻倒算做出决议：反叛乱、反倒算、反抢劫、反各种破坏活动。1956年冬到1957年春，开展了民主改革补课运动，对不法地主、富农分子分情节进行了处理。

1958年8月15日，在阿坝州人民委员会第二届二次扩大会议上，作出了《关于我州牧区、半农半牧区实行民主改革和社会主义改造的决议》。到1959年1月，在牧区阿坝、若尔盖、理县（今红原县等境域地区）完成了民主改革，废除了封建制度的牧场、草山土官所有制，废除了土官、头人的赋税、差役、纳贡、拘押、处罚等一切封建特权和牧主（地主）的高利贷。对一切爱国守法人士的牲畜，不没收分配。同时，在自愿的原则下，实行自牧部分公私合营，出租部分社私合营。对民族中上层人士实行“团结、教育、改造”的政策。对未参加叛乱的中上层人士进行保护。

1959年4月，壤塘等地发生叛乱，解放军进军壤塘平叛，9月平叛结束后，依照农区民主改革的政策，在壤塘开展了土地改革，并于年内结束。壤塘县的土地改革完成，标志着全州民主改革的胜利完成。这使得生活在阿坝的藏族、羌族、回族、汉族等各族人民在政治上、经济上彻底得到解放，挣脱了封建农奴制的枷锁，在中国共产党的领导下和全国各族人民一道走上社会主义建设大道。

20世纪50年代阿坝州州府驻地刷经寺

州府初迁马尔康

三、民族区域自治新篇

1950 年初，五星红旗在雪山草地升起，它宣告民族压迫、剥削制度的终结，民族平等、民族团结新时代的诞生。

1950—1952 年，党和政府通过宣传党的民族政策，肃清残匪，团结教育少数民族上层人士，调解纠纷，发展了经济、文化事业，疏通了民族关系，为实现民族区域自治创造了有利条件。中国共产党、中央人民政府和人民解放军受到少数民族人民的热烈拥护，汉族同少数民族的裂痕日益愈合，少数民族内部的团结大大增强，反帝爱国的民主力量逐步发展。实行民族区域自治不但是时代的需要，也成为各族人民的共同心愿。

1952 年 12 月，茂县专区各民族劳动人民的代表和各地有代表性的土司、土官、头人、活佛、喇嘛、堪布齐集茂县风仪镇，就建立自治政府的有关事宜进行了讨论和磋商。经过半个多月的协商筹备，取得了一致意见，并报经四川省人民政府转报西南军政委员会批准，四川省藏族自治区第一届各族各界人民代表会议于 12 月 21 日隆重开幕。出席会议的各族各界代表和中国共产党、人民政府、人民解放军、人民团体的代表共 335 名，列席代表 173 名。会议的召开翻开了阿坝民族区域

阿坝藏

1987年8月27日 星期四 第4339号

邓小平会见泰国外长西提时说
改革开放还要加紧进行

国务院关于四川省阿坝藏族自治州更名为阿坝藏族羌族自治州的批复

四川省人民政府：

你省一九八六年十一月十四日《关于阿坝藏族自治州更名为阿坝藏族羌族自治州的请示》收悉。同意你省：

一、阿坝藏族自治州更名为阿坝藏族羌族自治州。

二、撤销茂汶羌族自治县，恢复茂县，以原茂汶羌族自治县的行政区域为茂县的行政区域。

国务院
一九八七年七月二十四日

贯彻国务院批复 加强各民族团结

本报评论员

经国务院批准，我州州名更为阿坝藏族羌族自治州。这是我州各族人民政治生活中的一件大喜事，对于发展我州的社会主义新型民族关系有着重大意义，我们坚决拥护、坚决执行。

不要随意卖掉或宰杀母猪

小金县将建立优质葡萄生产基地

南坪县撤销十五个临时机构

松岗水电厂认真做好企业档案复查

告拣菌者：脚下留情 勿伤树苗

关于“阿坝藏族自治州”更名为“阿坝藏族羌族自治州”的报道

1958 年 7 月 5 日茂汶羌族自治县成立大会

自治的崭新篇章。

1953年5月，在阿坝县举行了草地土官、头人联谊会。草地有影响的少数民族上层人士、宗教界上层人士、工商界代表和全区党政军主要负责人280多人到会，就有关民族团结、社会治安、政权建设、发展生产等问题进行了协商和讨论。联谊会的成功，标志着草地形势的稳定，促进了统一战线的发展和自治政府同各方面人士的广泛联系。

1955年12月，四川省阿坝藏族自治州第一届第一次人民代表会议在当时的自治州首府刷经寺召开，出席会议的代表386名。这次会议决定将四川省藏族自治区改为四川省阿坝藏族自治州，并对过去3年来实施民族区域自治的工作进行了总结。同时，讨论通过了在半农半牧区实行民主改革的决议和具体规定。它标志着阿坝地区的民族工作进入了新的阶段。根据《中华人民共和国民族区域自治实施纲要》的精神，1958年7月在阿坝州成立了茂汶羌族自治县。

中华人民共和国成立后，在中央人民政府和四川省人民政府的领导下，依据宪法和法律的规定，阿坝州在建立民族区域自治政权以后，全面贯彻民族区域自治政策，行使自治权，管理地方性事务。在阿坝州的各级人民代表大会中，都依据人口比例、照顾少数民族的原则，各民族都有适当的代表参加；在全国和四川省的历届人民代表大会中，都有阿坝州的少数民族代表。在全国统一的财政制度下，依照中央人民政府和四川省人民政府的规定，阿坝州享有管理本州财政的权力，这就使阿坝州能更好地结合自己的特点，发挥地区资源优势，兴办各项建设事业；大力培养使用少数民族和本州汉族干部等等。这些措施保障了阿坝州的少数民族享受民族平等、当家作主、管理本民族内部事务和参与管理国家事务的权利。

为了贯彻落实《中华人民共和国民族区域自治法》，1986年5月21日，阿坝藏族自治州第五届人民代表大会第四次会议通过《阿坝藏族自治州自治条例》。《条例》结合阿坝州各民族的政治、经济、文化等特点，对自治州的自治机关、经济建设和财政管理、教育、科技、文化、卫生、体育事业，以及干部、专业人才的培养与管理等方面作了具体规定，保证了民族区域自治制度在阿坝州的规范化执行。

1987年，阿坝藏族自治州经国务院批准更名为阿坝藏族羌族自治州。1988年

茂汶羌族自治县成立20周年纪念大会

1月5日，阿坝藏族羌族自治州第六届人民代表大会第一次会议通过将《阿坝藏族自治州自治条例》更名为《阿坝藏族羌族自治州自治条例》，并对相关条款进行修改。之后，根据阿坝州的实际情况，《自治条例》于2006年7月8日又经过一次大的修改。《阿坝藏族羌族自治州自治条例》的颁布实施标志着阿坝州实行民族区域自治制度进入了依法治州的新阶段，使之在维护国家统一，保障少数民族的平等权利和自治权利，保证民族工作依法开展，巩固和发展平等、团结、互助的社会主义民族关系，促进少数民族和民族自治地方经济社会的快速发展等方面有着重大作用和深远意义。

在《自治条例》颁布以后，阿坝州还制定实施了一些单行条例，如《阿坝藏族羌族自治州实施〈中华人民共和国婚姻法〉的补充规定》《阿坝藏族羌族自治州实施〈四川省义务教育条例〉的补充规定》等，以及其他有关民族问题的法规，保障了民族区域自治制度的贯彻实施。

人民行使选举权

四、改革开放绘就蓝图

（一）迈上现代化建设新征程（1978—1992）

1978年12月，党的十一届三中全会胜利召开。为了贯彻落实党的十一届三中全会精神，切实把全州的工作重心转移到社会主义现代化建设上来，1979年2月和6月，州委分别召开了常委扩大会议、州三届二次全委扩大会议，对全州在经济建设和阶级斗争关系问题上的“左”倾错误思想进行了认真清理，果断停止使用“以阶级斗争为纲”的口号；号召全州各族人民解放思想，一切从实际出发，实事求是，同心同德，鼓足干劲，全力以赴，努力拨乱反正，实现工作重心的转移，以经济建设为中心。全州上下人心安定，思想活跃，迈上了建设社会主义现代化的新征程。

经济体制改革。首先在农村逐渐进行并完善经济体制改革。从1979年，阿坝州开始实施农业生产责任制。这种以土地等基本生产资料公有制为基础，以家庭联产承包责任制为主要形式，统一、分散经营相结合的双层经营责任制的落实，给农村经济带来了极大的活力。在牧区，实施畜牧业生产责任制，确定了牧民在牲畜经营过程中的主体地位。在林区，建立了以森林公有制为基础，经济林木“折价归户，私有私营”或专业承包、定额上缴，用材林“折价联营、按股联营、按股分红”的林业生产经营责任制，维护了森林、林木、林地所有者和使用者的合法权益，提高了林业生产的经济效益。在市场上，则实施并完善流通体制改革。农村经济体制改革的不断深入和完善，使阿坝州的农村经济基本上形成了以公有制为主体，多种经济成分、多种经济经营形式并存的格局。城区的经济体制改革也在逐步加强。从1983年开始，阿坝州开始企业改革。全面开展了企业整顿工作，对浪费大、亏损严重、没有销路的企业和产品实行关、停、并、转或限产；积极调整产品结构，努力挖潜、革新、改造，走内涵式发展生产的道路，出速度，出效益；对全州国营企业实行了利改税改革；实行厂长（经理）负责制，使企业真正成为相对独立的经济实体；实行以“两保一挂”（一保上缴财政，二保企业发展后劲，工资总额同经济效益挂钩）为主要形式的承包经营责任制。在计划管理体制改革上，阿坝州逐步减少政府对企业的直接行政干预，增大市场信息对企业行为的影响，政府通过市场信息来控制企业的经营活动，减少指令性计划实物指标，增加指导性计划价格指标；加强和完善经济调节手段，健全和强化经济立法、经济司法工作。通过改革，增强了企业自我改造、自我发展的能力，促进了社会主义商品经济发展。

调整产业结构。随着工作重心的转移和经济建设步伐的加快，全州国民经济比例关系失调和结构失衡的问题愈来愈突出地表现出来。1985 年 1 月，中共阿坝州委、州政府提出了《关于阿坝州经济翻番的初步设想》，指出了整个“七五”期间全州经济发展战略：以调整产业结构为中心，放手发展林果业、畜牧业、电力工业和第三产业 4 个优势产业，大力开发旅游业、采矿业 2 个新型产业，积极发展农、林、畜、矿产品的加工业。产业结构的调整，为阿坝州经济健康发展注入了生机，增添了活力。

阿坝州通过改革开放和发展经济，工农牧业发展迅速，交通建设成绩显著，通信邮电条件明显改善，城乡建设开始起步，农牧业科技队伍建设加强，扶贫开发初见成效，推进建设有中国特色的社会主义事业，实现了经济社会的持续、快速发展。

“二牛抬杠”耕作

人工除虫

打连枷场景

（二）进入现代化建设新阶段（1992—2002）

1992年，邓小平同志视察南方谈话和党的十四大的召开，成为中国改革开放和现代化建设进入新阶段的重要标志。1992—2002年，阿坝州改革开放和经济发展思路更清晰，制定了以发展特色和高产、高质、高效“三高”农业为主题，以发展水电、旅游两大产业为两翼的“一体两翼”经济发展战略，紧密结合党中央实施西部大开发战略，加速带动地方经济上新的台阶；紧密围绕建立社会主义市场经济体制的目标，不断深化经济体制改革，建立现代企业制度，果断进行经济结构的调整和优化，推进社会主义市场经济体制的建立。

在进行繁重的经济建设和改革的同时，阿坝州提出了“绿色立州、科教兴州、旅游富州、水电强州、依法治州、稳定安州”的总体工作思路，全面推进社会主义经济、政治、文化、社会建设。通过十年的努力奋战，阿坝州各项事业取得突破性的成效，经济快速发展，各项社会事业全面进步，城乡面貌深刻改变，民族团结，社会稳定，人民生活水平显著提高，为新世纪新的发展打下了重要基础。

（三）全面推进小康社会建设（2002—2012）

2002年，党的十六大召开，提出了“继往开来，与时俱进，全面建设小康社会，加快社会主义现代化，为开创中国特色社会主义事业新局面而奋斗”。阿坝州立足州情、着眼长远，制定了经济和社会发展的指导思想，由此启动了全面推进小康社会建设的宏伟工程。

历经了10年艰辛探索，付出了超常努力，阿坝大地发生了翻天覆地的巨大变化。

1. 谱写跨越发展新篇章

特色产业顺势而起，经济结构优化升级，可持续发展能力显著增强。2011年，全州实现地区生产总值168亿元，而2001年阿坝的生产总值是41.06亿元，翻了四番。

固定资产投资规模空前。坚持大抓项目、抓大项目，要素保障有力，资金监管到位，一大批重大基础设施和民生工程投入使用。其中2006—2011年完成全社会固定资产投资1284亿元，是从建州到2006年53年总和的2.7倍。

农牧产业长足发展。仅2006—2011年，整体推进特色农业发展，培育省级现代农林牧业基地强县5个，建成核心示范基地50个，恢复、新建特色基地91万亩。2011年，特色农产品产量达到140万吨，外销率达90%以上。着力推进现代畜牧业发展，科学养畜示范研究取得重大进展，建成人工草场260万亩、适度规模养殖小区2355个。畜禽品种不断优化，疫病防控成效显著，牲畜出栏逐年增加。着力打造“川藏高原”区域大品牌，整州通过无公害农产品基地认证，农畜产品质量安全水平稳居全省前列。龙头企业带动能力明显增强，农民专合组织快速发展，农牧业产业化经营取得重大突破。

工业实现重构新生。实施“北上、聚集、外联”“扩区强园、一园多点”发展战略，大力调整生产力布局，形成工业集中集约发展新格局，开创了区域合作新路子。以茂县土门、汶川漩口、理县下孟等集中区为支撑的阿坝工业园区基本成型，工业企业在重建中转型升级，产能规模、科技含量大幅提升。铝、锂、硅、晶体新材料、电子磁材和盐化工等六大产业快速发展，主要产品产量翻番。全州规模以上工业增加值从2008年的11亿元奋力起跳，连跨三个10亿元台阶，2011年达到47.5亿元，年均增长51.7%，增速位居全省第一。

旅游实现强势振兴。阿坝州始终把旅游业恢复振兴作为产业恢复的标志性工程来抓，九寨沟成为全国首个“智慧景区”。成功打造102个精品旅游村寨，地震遗址游、民俗文化游、乡村游、自驾游等迅猛发展，整合营销取得实效，旅游市场日趋规范，服务质量明显提升，呈现出百花齐放、全域推进的可喜局面。高水平承办了“中国四川国际文化旅游节”等重大活动，全方位展示了一流景区、一流品位、一流管理和一流重建成果。2011年，全州游客达到1450万人次，实现旅游收入124亿元，分别比2008年震前增长70%和69%。

招商引资成效显著。出台《阿坝州鼓励投资优惠政策若干规定》，投资环境不断优化。开门招商、上门招商，与国电、川威、中石油等大集团签订战略合作协议，产业对接、转移取得重大进展。全州累计签订协议合作项目167个，履约项目233个，到位国内省外资金198亿元，实际利用外资3000万美元。

社会消费日趋活跃。大力实施农机具、家电、汽车、摩托车下乡政策。建成1577个村农家店，连锁经营初具规模。全州物价保持基本稳定，城乡市场秩

水磨羌芽

农业标准化建设初见成效

毛香坪骨干苗圃内假植的云杉

序井然、供销两旺。2011 年，实现社会消费品零售总额 39 亿元，较 2006 年增长 49.8%。

2. 促进民生大改善

从群众最关心、最直接、最现实的利益问题入手，及时兑现各项惠民政策，扎实推进民生建设，全面发展社会事业，城乡居民收入持续、大幅增长。2011 年，农牧民人均纯收入 4663 元，城镇居民人均可支配收入 18403 元，较 2006 年分别增长 1.2 倍和 1.1 倍，增幅连续五年位居全省前列。

民生工程全面推进。顺利完成牧民定居行动计划暨帐篷新生活行动任务，建成定居点 609 个，4.2 万户、21.4 万牧民实现定居，牧区生产生活条件实现历史性跨越。扶贫开发和综合防治大骨节病试点取得重大阶段性成果，2.64 万名学龄儿童实现易地入学，5 万余群众搬离病区，13 万人实现安全饮水，膳食结构得到改善，集预防、治疗、科研为一体的综合防治体系基本建成，有效阻断了病链，控制了新发病例；病区产业结构调整优化，增收能力有效提升，因病致贫、因病返贫趋势明显缓解。创造性整体推进新农村建设，建成 1 个省级新农村示范片、697 个幸福美丽家园，709 个高半山村基础条件得到改善。建成保障性住房 1.3 万套，困难群众住房难问题得到缓解。

就业社保成效显著。城镇累计新增就业 2.6 万人，6572 名下岗失业人员实现再就业，动态消除零就业家庭，城镇登记失业率控制在 4% 以内，就业形势稳定，劳动关系和谐。转移输出农村劳动力 38 万人次，实现劳务收入 24.5 亿元。率先在全国整体实施新型农村社会养老保险试点，“二项基本医疗保障制度”覆盖全州，“五项社会保险”实现州级统筹，待遇水平逐年提高。州社会保险基金收支累计达 31.5 亿元。水库移民工作稳步推进。森工历史遗留问题妥善解决。加大特殊困难群众救助力度，建立社会救助和保障标准与物价上涨挂钩联动机制，实施城乡医疗救助 40.3 万人次，22 万人享受城乡最低生活保障，实现了动态管理下的应保尽保。

社会事业协调发展。率先在全省民族地区实现“两基”目标，12 万义务教育阶段学生享受“两免一补”政策，近万名“9+3”学生在内地接受免费职业教育，1286 名牧区孩子到汶川、茂县接受双语初中教育。学前教育、特殊教育、高中阶段教育健康发展，教育质量稳步提高。率先在全国涉藏地区开通远程科普培训系统，实用技术推广、科技成果转化步伐加快，成功创建一批省级以上科普示范县，新培育四川名牌 4 个、地理标志保护产品 6 个。

全面启动民族地区卫生十年行动计划，稳步推进医药卫生体制改革，基层服务体系得到完善，综合服务功能不断增强，群众健康水平显著提高。计划生育技术服务创优升级，利益导向“三项制度”惠及 4.4 万人，214 个地震伤亡家庭实现再生育，年人口自然增长率控制在 7‰以内。深入开展食品药品市场专项整治，确保了群众饮食用药安全。

文化惠民工程扎实推进，州、县、乡、村四级公共文化服务网络基本形成。民族文化艺术创作成果丰硕。“羌年”被联合国列入非物质文化遗产名录，71 项省级以上非物质文化遗产得到保护、传承。广播、电视人口综合覆盖率分别达 85% 和 96%。体育设施极大改善，群众性体育活动蓬勃开展，成功举办两届州运会和首届残运会。

“三基地一窗口”建设成效明显，感恩教育和精神文明创建活动广泛开展。抗震救灾档案抢救保护工作扎实有效，《汶川特大地震阿坝州抗震救灾志》编纂进展顺利，第二轮修志、第六次人口普查全面完成。粮食、统计、供销、气象、保密、老年人、残疾人、防震减灾、外事台侨、藏文编译、红十字会、妇女儿童等工作取得新成效。

城乡面貌变化巨大。交通干线道路全面升级，实现了州到县公路“黑色化”和乡乡通公路。市政基础设施建设力度加大，实施净化、绿化、亮化、美化工程，城镇功能日趋完善，人居环境明显改观，精心打造了一批藏、羌民族特色浓郁的“明珠城镇”和“精品旅游城镇”。牧民新村建设全面完成，新农村建设取得成效。生态建设和环境保护成效明显，天然林保护、退耕还林、退牧还草、野生动植物保护、自然保护区建设、湿地保护和沙化治理等生态工程全面实施。全州实现乡乡通电话，移动通信覆盖率、固定电话普及率和宽带入户率进一步提高。

3. 实现社会和谐稳定

高举维护社会稳定、维护社会主义法制、维护人民群众根本利益的旗帜，迅速、果断、依法处置“3 · 16”事件，有力挫败了境内外敌对势力的分裂破坏活

成兰铁路开工（2009年）

建设中的成兰铁路

成兰铁路搅拌站

成兰铁路隧道

动，有力维护了全州社会政治稳定。认真落实五级维稳工作责任制，积极构建“三级联防”体系，提升维稳能力和水平。国防动员、国防教育、人民防空和国防后备力量建设得到加强，军政、军民关系更加密切。

广泛开展“与党同心、与社会主义同向，感恩报国”系列爱国主义教育活动，各族群众维护祖国统一和民族团结的自觉性进一步增强。深入寺庙开展法制教育和“爱国爱教、持戒守法、助民为乐”主题活动，依法加强宗教事务管理，帮助寺庙提高民主管理能力，积极引导宗教与社会主义社会相适应。1282名60岁以上僧尼纳入“五保”供养，3036名老弱病残僧尼纳入城乡低保，1478名寺管会成员得到生活补助，修缮了一大批宗教活动场所。

漂亮的棚洞

高速路标牌标识

高速路安装了隔音板

绿化隔离带

坚固美观的隧道口防护网

强化安全生产“一岗双责”，事故起数、死亡人数、受伤人数和直接经济损失大幅下降，安全生产形势总体平稳。建立健全“大调解”工作体系，深入开展矛盾纠纷大走访、大排查，积极化解信访积案。深入推进普法教育，公民法律素质进一步提高。依法治理扎实有效，法律援助广泛开展。深化平安创建活动，严厉打击违法犯罪，社会治安综合治理成效显著。全州社会祥和、百姓安居乐业。

红原机场试飞成功

黑水县城

黑水县新区城镇居民住房

吉林援建黑水县双溜索乡道班房

松潘牧民新居

理县千人锅庄

九寨沟新区

茂县全景

国家电网

古城电站

下孟 220 千伏变电站

阿坝铝厂车间

理县红叶二级发电组

宏光盐业生产车间

丰收的葡萄

果满枝

古尔沟镇大沟村大白菜基

大白兔养殖基地

肉牛养殖场

正式投产的万吨脱水蔬菜加工项目

木卡乡丰收的花椒

生态土鸡生产基地

映秀镇老街村食用菌基地

汶川地震灾后恢复重建条例

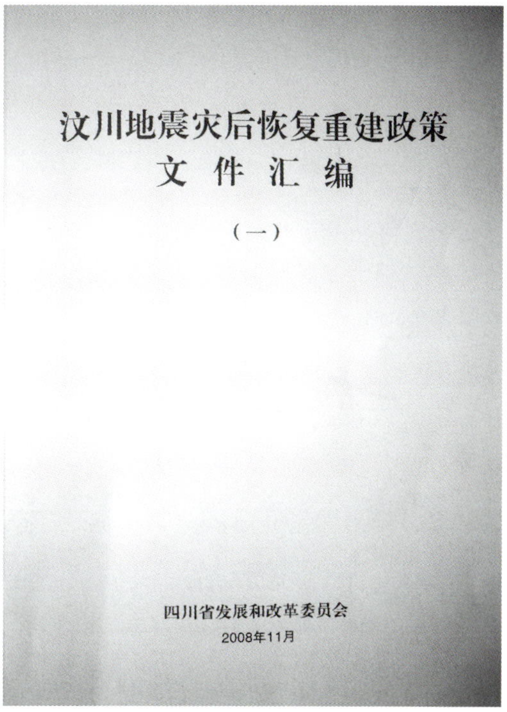

汶川地震灾后恢复重建政策文件汇编

五、灾后重建大爱家园

2008年5月12日14时28分，发生了震惊中外的8.0级汶川特大地震。阿坝州13个县全部受灾，受灾乡镇215个，受灾人口69.3万人，分别占全州乡镇和总人口的95%和79%。其中，汶川、茂县2县被国务院认定为极重灾区，理县、黑水、小金、松潘、九寨沟5县被认定为重灾区。人员伤亡十分惨重，基础设施、公共文化设施严重损毁，工、农、林、牧业灾情严峻，旅游业遭受重大损失。

面对突如其来的特大地震，在全国人民的大力支援下，阿坝州把抗震救灾作为压倒一切的中心任务，迅速组织干部群众，积极协调各方力量，全力以赴抗震救灾，打赢了抢险救人、安置群众、抢通保通、卫生防疫、防治次生灾害、温暖过冬、维护灾区稳定等一场又一场硬仗，创造了抗震救灾史上的伟大奇迹，谱写了感天动地的英雄凯歌。

在党中央、国务院和省委、省政府的坚强领导下，在对口援建省市和社会各界的鼎力帮助下，按照党和政府“三年重建，两年完成”的任务要求，按照“遵

扶危济困牢记在心

恢复重建后的绵虒文庙

湛江市对口援建的龙溪羌寨寨门

2011 年 3 月 8 日，理县同唱感恩歌歌咏比赛活动现场

循规律、以人为本、趋利避害、优质高效、加快发展”的思路，阿坝州快速高效地完成灾后重建任务，灾区群众基本生产生活条件和经济社会发展水平超过灾前水平，实现了“家家有房住、户户有就业、人人有保障、设施有提高、经济有发展、生态有改善”的重建目标。曾经满目疮痍的地震灾区发生了脱胎换骨的巨大变化，重新焕发出生机和活力。阿坝人民全力以赴，创造了在灾难后重生、在重建中跨越的奇迹，谱写了危难中崛起、感恩中奋进的辉煌篇章。

重建的三年，是生活条件大变样的三年。提前完成住房重建，50 万城乡居民入住新居。汶川、茂县、理县、松潘等县重点城镇功能全面提升，映秀、水磨、川主寺、坪头、甘堡藏寨等一大批民族特色浓郁、功能配套完善、环境整洁优美的特色魅力乡镇、精品旅游村寨、幸福美丽家园亮丽面世。重建后的灾区，漂亮

2011年3月25日，黑水县在芦花镇举办“铭恩奋进 共建幸福美好新生活”歌咏比赛

的农村民居错落有致，崭新的城镇楼宇拔地而起，一个安居乐业、生态文明、安全和谐的新家园呈现在世人面前。

重建的三年，是基础设施大提升的三年。都映高速建成通车，映汶高速快速推进，汶马高速、成兰铁路实现开工。红原机场启动建设，九寨黄龙机场三期改扩建全面完成。汶马、川汶等22条干线公路全面升级。建成农村道路1264条。全州新增公路5500公里，通车总里程达11600公里。受损电站、电网全面恢复，新建输变电线路471公里，水电总装机达445万千瓦。实现乡乡通宽带、村村通电话，通信保障能力极大提高。全州基础设施特别是交通建设项目之多、投资之大、里程之长前所未有，构筑起了阿坝振兴崛起的稳固基础。

重建的三年，是公共服务大跨越的三年。恢复重建学校206所，13万中小学

2011 年 5 月 8 日，理县举办“感恩祖国，祝福重生”巡游

生全部进入崭新校园学习生活。阿坝师专完成异地重建、全面提升。189 个医疗卫生机构按期建成，设施设备升级换代。藏羌碉楼和村寨抢救保护工程、国家羌族文化生态保护实验区、藏羌文化走廊建设进展顺利。有效抢救、整理和保护民族文化遗产，实现了民族文化大弘扬、大传承。一大批敬老院、村民活动中心等民生设施建成投用，公共服务能力和均等化程度跃居民族地区前列。

重建的三年，是生态实现再生性恢复的三年。修复森林植被 158 万亩，森林覆盖率达 24.2%。治理重大地质灾害 842 处，疏浚危险河段 96 公里。划定水电资源禁止开发区，坚决关停、取消对生态保护和长远发展不利的开发项目。污染防治、环境监管、节能减排取得实效，全州生态环境保持优良。

重建的三年，是防灾减灾能力极大提高的三年。坚持监测预警在前、安全避险为先、抢险救人为本、抢通保通为要，不畏艰险，昼夜奋战，科学处置，战胜了“8 · 14”“7 · 3”等特大山洪泥石流灾害，极大提升了防灾减灾和应急处置能力，誓死保卫了群众生命安全，誓死保卫了灾后重建成果。

汶川县雁门乡萝卜寨村的羌族姑娘绣制了一面五星红旗，表达灾区人民对祖国的感恩之情

感党恩 谢湘情 建家园

草坡乡群众向汕头援建工作组赠送锦旗

湖南省援建的理县文体中心

江西省援建的小金县福利中心整体移交

广东全体援建人员

安徽省援建的松潘中学

陕西省援建的茂县中医院

香港特区援建的映卧路 G350 南华隧道

建设成就篇

阿坝县贾洛大草原

党的十八大以来，阿坝州坚持以习近平新时代中国特色社会主义思想为指导，在创新、协调、绿色、开放和共享的新发展理念下，各族人民团结一心，开拓进取，奋力拼搏，在经济、政治、文化、社会、生态等各个方面取得了辉煌成就。如今的阿坝大地，经济实力快速提升，群众生活蒸蒸日上，法治建设不断深入，文化事业欣欣向荣，各族人民和衷共济，社会局面和谐稳定，呈现出蓬勃生机和旺盛活力。

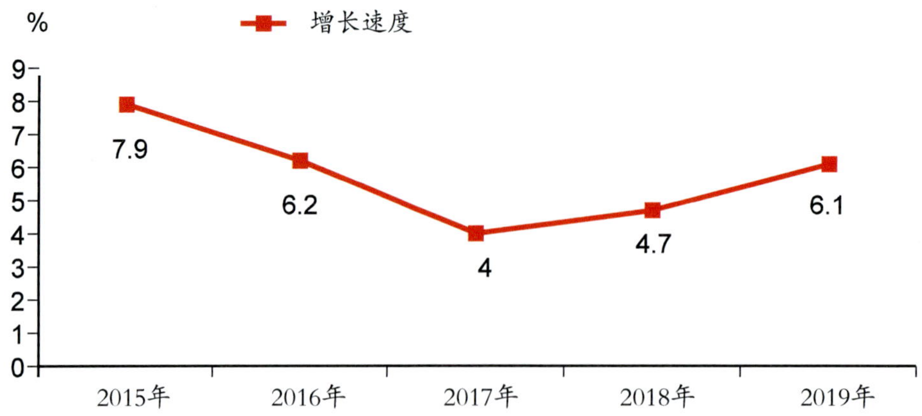

2015—2019年阿坝州地区生产总值增长速度表

一、经济建设跨越发展

党的十八大以来，阿坝州坚持立足川西北阿坝生态示范区定位，充分发挥优势，挖潜力、补短板、稳增长，坚定不移走绿色发展之路。大力发展全域旅游、特色农牧、清洁能源、民族文化、“飞地”经济，基础设施建设取得突破性进展，自我发展能力显著增强。

2019年，阿坝州地区生产总值（GDP）390.08亿元，同比增长6.1%，全社会固定资产投资增长12.2%，地方一般公共预算收入增长7.1%，社会消费品零售总额增长6%，建筑业增加值增长22.7%。人均地区生产总值41278元，增长5.7%。居民人均可支配收入22425元，其中城镇居民人均可支配收入35470元，农村居民人均可支配收入14252元。第一产业、第二产业、第三产业结构为17.2:24.7:58.1。服务业占比稳步提高，对经济增长的贡献率达67.9%。经济发展提速增效。

阿坝州传达学习习近平总书记在陕西、山西调研考察中关于脱贫攻坚的重要讲话精神和全国两会、全省两会关于脱贫攻坚的重要精神

“西牛东送”项目，是浙江省温州市乐清市与壤塘两地东西部扶贫协作产业项目。该项目在帮助壤塘县牧民销售牦牛实现脱贫致富目标的同时也让乐清市民从中受益吃到好品质牛肉，实现双方优势互补、互利共赢

（一）打好脱贫攻坚战

阿坝州属国家层面“三区三州”深度贫困地区和“四省藏区”脱贫攻坚主战场，13县（市）均属深度贫困县。2013年，全州共核定贫困村606个，建档立卡贫困户2.67万户、10.4万人，贫困发生率为14.5%。近年来，在阿坝州委、州政府的坚强领导下，全州坚持以习近平总书记关于打赢脱贫攻坚战重要论述为指引，认真贯彻落实中央、省、州决策部署，紧紧聚焦“两不愁、三保障”，紧扣民族区域、深度贫困“两个”实际，大力实施脱贫攻坚战略，坚决攻克深度贫困难题，走出一条藏区脱贫新路。

2014年至2019年，全州累计完成10.34万名贫困人口脱贫、606个贫困村退出、13个贫困县（市）摘帽，贫困发生率下降至3%以下，切实以阿坝模式、阿坝经验、阿坝路径走在了全国少数民族地区前列，为确保2020年阿坝州与全国全省全面同步建成小康社会奠定了坚实基础。

"西牛东送"项目货运车

壤塘县"西牛东送"助推牧民脱贫奔康

阿坝州大力开发农村保洁、护林、护路等公益性服务岗位，采取公益性岗位过渡性安置的方式促进贫困人员家门口就业。理县下孟乡沙吉村档立卡贫困户王金生，在产业帮扶资金的支持下开始在自家土地上种植青红脆李，还当上了村里的交通劝导员和生态护林员，从贫困户成为"有薪一族"

"黑水大蒜"是黑水县的名优农产品之一，自2016年彭州市实施对口帮扶该县以来，紧扣该县产业扶贫思路和生态效益农业发展方向，充分利用自身"全国蔬菜产业十强县（市）"的先进经验，促成了黑水县双溜索乡省级建档立卡贫困村俄瓜村大蒜标准化种植基地的顺利建成

农业产业基地

（二）特色优势产业

1. 现代生态农业加快发展

推进农业供给侧结构性改革，因地制宜发展特色种养业。截止到 2019 年，阿坝州建成特色农业产业基地 82 万亩，特色林业产业基地 75 万亩，畜禽标准化养殖场 157 个，万亩现代综合农业示范园 4 个。加强新型经营主体培育，州级及以上龙头企业达到 33 个，培育省级及以上示范社 26 个，规范建设家庭农（牧）场 245 个。大力实施品牌战略，“净土阿坝”区域品牌及“三品一标”认证覆盖率达 45%。农林牧业与旅游加快融合发展，休闲农业旅游景点达到 51 个，特色农业产业基地景区化打造 25 处。

樱桃种植迎来大丰收

育种的玛咖

春耕机械化作业

蔬菜新品种试验

蔬菜基地

现代绿色防控技术应用

道地中藏药材基地

特色水果基地

獭兔养殖场

科学养畜

玛咖种植基地

木耳种植基地

酿酒葡萄基地

牦牛基地

中低温食用菌基地

藏羊基地

现代农业示范园

鲜活农产品分级包装

标准化健康养殖

牦牛肉分割加工

农民专业合作社名优产品

水电站

侨源液态气体生产

成阿工业园区

鑫新能源厂区（二甲醚）

2. 工业绿色发展成效明显

阿坝州坚持以绿色发展为主线，工业经济紧扣“减、增、控、转、引、导”总体思路，加强传统企业节能降耗、循环改造和淘汰落后产能，转型升级步伐不断加快。清洁能源产业逐步发展壮大，电网结构不断完善；大力发展农林畜牧业、酒水饮料、中藏羌医药等生态加工业，农林畜产品精深加工水平进一步提高，集种植、研发、加工、营销于一体的现代中药产业链基本形成；锂资源产业链打造逐步推进。新材料、新能源、节能环保等战略性新兴产业持续发展，氢能源产业正稳步推进。

光伏电站

3. 清洁能源产业稳步发展

优化调整水电开发时序，大中型水电站加快建设，大渡河干流及其主要支流、毛儿盖河和白水江河流域梯级开发有序推进，现有小水电技改扩容加快推进。截止到 2019 年，全州建成水电装机 572 万千瓦，在建水电和开展前期水电装机达到 400 万千瓦以上。稳步推进大型光伏电站建设，太阳能发电累计装机达 35 万千瓦。

毛尔盖水电站机房内景

红原县邛溪太阳能光伏电站

阿坝全域旅游景区分布图

4. 全域旅游产业持续领跑

近年来，阿坝州把旅游业作为主导产业优先发展。实施以规划为前提、保护为核心、管理为关键、文化为灵魂、政府为主导、市场为导向、企业为主体、资本为纽带的旅游发展战略，大力发展复合型、外向型、经营型、休闲型、文化型旅游经济。扎实推进国家全域旅游示范区创建工作，在全国涉藏地区率先实现 A 级景区县（市）全覆盖，4A 级以上旅游景区全部接入省级旅游应急管理平台。深入开展旅游环境、路域环境综合整治，在全省率先建成特色化旅游标志标牌。阿坝州正在成为名副其实的世界自然遗产和生态旅游最佳目的地、大熊猫生态旅游目的地、藏羌历史文化与民俗风情旅游目的地、红军长征历史文化旅游目的地。

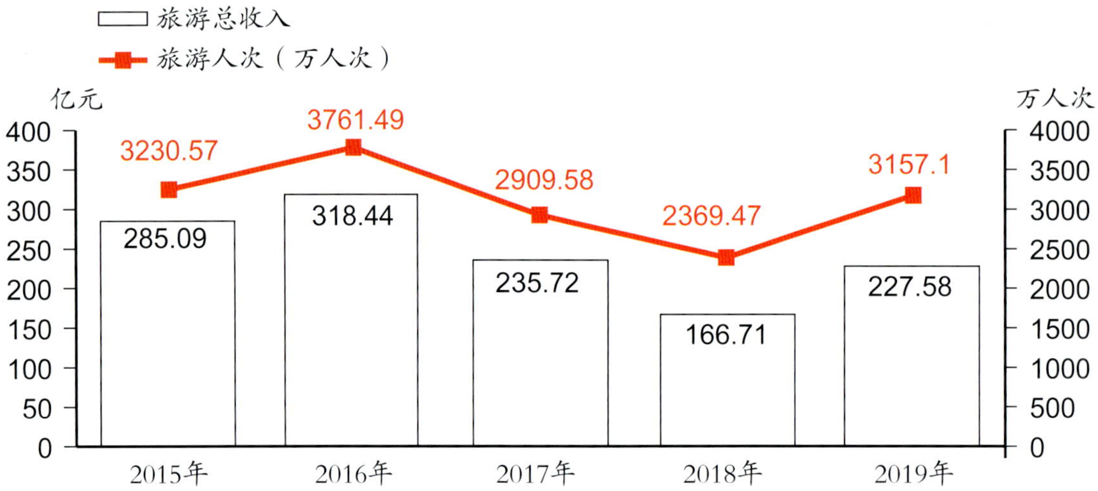

2015—2019 年阿坝州旅游总收入、旅游人次

2019 年，全域旅游发展再添新动力，汶川县成功创建为全省首批天府旅游名县，阿坝莲宝叶则、茂县叠溪松坪沟成功创建为省级生态旅游示范区。现有 A 级景区 45 个，其中 5A 级景区 3 个，4A 级景区 22 个；有旅行社 32 家；星级饭店 16 个，其中五星级 3 个，四星级 7 个。旅游从业人员 6.2 万人。2019 年，全州接待游客 3157.1 万人次，比上一年增长 33.2%；实现旅游总收入 227.58 亿元，增长 36.5%。

5. 现代服务业突破性发展

现代金融服务实体经济能力增强，全面实现基础金融服务全覆盖；电子商务蓬勃发展。截止到 2019 年，建成 1 个州级电子商务发展中心、8 个县级电子商务（物流分拨）服务中心、5 个县级电子商务服务站、285 个乡镇村电子商务服务网点，9 县（市）先后成功申报国家级电子商务进农村示范县项目，6 县成功申报省级电子商务示范县项目。全州城乡居家养老服务覆盖率达 100%。

黄金周游人如织

松州古城骑马游

水磨街景

桃坪羌寨—甘堡藏寨旅游景区

九顶山太子岭滑雪场

独具特色的乡村酒店

中查沟休闲度假旅游区之丽思卡尔顿酒店落客区

中查沟休闲度假旅游区之丽思卡尔顿酒店大堂

中查沟休闲度假旅游区之商业小镇鸟瞰图

理县古尔沟温泉度假区鸟瞰图

国道 213 线

映汶高速

（三）基础设施建设

加快构建“快进慢游”的现代综合交通运输体系，推进九黄机场四期改扩建工程，推进成兰铁路成都至黄胜关段建设，开工建设西宁至成都铁路，推进成都至格尔木铁路前期工作。已建成映秀至汶川高速公路，汶马高速公路已实现通车里程 105 公里，全段 2020 年建成通车。绵九高速公路（阿坝州段）预计 2022 年建成，九马高速已开工建设；农村公路建设在全省三州民族地区率先实现两个“百分之百”，即油路百分之百到乡、水泥路百分之百到村。行政区划面积内公路总里程达 14050 公里，其中等级公路 13779 公里。2019 年，公路客运量 1166 万人，旅客周转量 160640 万人公里；公路货运量 2710 万吨，货物周转量 642238 万吨公里。

汶川县萝卜寨村道

省道 302 黑水段

国道 317 理县段

省道 209 线

县道 XU08 唐克段

黑水县通村水泥路

九寨黄龙机场晨曦

旅客到达

九寨黄龙机场停机坪

扩建后的九寨黄龙机场

茂县县城新貌

红原色地牧民新村

全州城市建成区面积达到51.27平方公里；有序有力推进“6·24”茂县山体滑坡、“8·8”九寨沟地震及“8·20”汶川泥石流灾后恢复重建工作，不断配齐灾区基础设施，极大方面了人民群众生产生活；全州城镇化水平得到整体提升，城镇化率达41.15%。截至2019年，全州共计修建公租房9693套，完成城市危旧棚户区改造30785套。

灾后重建的映秀镇

成阿工业园区管委会

（四）“飞地园区”和对外经济

统筹推动“飞地”经济合作，创新共建“飞地园区”合作模式。2008 年“5 · 12”汶川特大地震使阿坝州工业体系基本摧毁殆尽、工业经济遭受灭顶之灾，但全州各族群众在山河破碎、家园尽毁面前，发展之心更加坚决、发展之力更加充沛。在国家和全社会的支持下，依托灾后恢复重建，成都—阿坝工业集中发展区应运而生，建园至 2018 年底，累计实现规模以上企业工业总产值 328.64 亿元，累计完成工业固定资产投资 297.822 亿元，累计实现增加值 73.61 亿元；2014 年，在借鉴成阿园区成功经验的基础上，通过阿坝州与德阳市积极对接会商，德阳—阿坝生态产业园区相继诞生。截止到 2019 年，新入驻企业 10 家，园区规模以上工业企业 2 户，已基本形成年产 4 万吨基础锂盐能力。2018 年，实现工业总产值 6.35 亿元；2019 年，工业总产值完成 15 亿元。通过几年的探索实践和发展证明，两个“飞地”园区成为阿坝州工业“筑巢引凤”的重要基地、产业“提档升级”的重要平台、经济“逆境保稳”的主要支撑。

对外合作深入推进。2019 年，阿坝全年实现进出口总额 1996 万美元，其中出口 1633 万美元，进口 363 万美元。全年到位州外资金 70.56 亿元，其中，到位省外资金 35.04 亿元；加大开放合作和东西扶贫开发力度，在温州投资推介会上签订了 20 个投资合作项目，协议引资额达 108.24 亿元。在第三届西博会进出口商品展暨国际投资大会期间，共签订投资总额达 573.97 亿元的招商项目 27 个。

太安工业园区

新纪元公司

亚坪工业园区夜景

成阿工业园区鸟瞰图

2020 年阿坝藏族羌族自治州第十二届人民代表大会第四次会议

岷江報

慶祝四川省藏族自治區人民政府成立

我區首屆各族各界人民代表會議勝利閉幕

四川省藏族自治區人民政府成立

選出桑吉悅希（天寶，藏族）為自治區人民政府主席

各族各界人民代表會議

電毛主席和中央人民政府致敬

恭喜！

附：主席、副主席、委員名單

中國共產黨四川省茂縣地方委員會

四川省藏族自治區人民政府

通知

《岷江报》创刊号头版报道四川省藏族自治区人民政府成立

二、政治建设不断加强

党的十八大以来，中共阿坝州委始终把学习贯彻习近平新时代中国特色社会主义思想作为首要政治任务，始终把政治纪律、政治规矩挺在前面，牢固树立“四个意识”，主动提高政治站位，坚决做到“两个维护”，自觉在思想上政治上行动上同以习近平同志为核心的党中央保持高度一致，政治建设不断加强。

（一）人民代表大会的建设

人民代表大会是自治地方的最高权力机关。自自治州成立以来，阿坝州委非常重视人民代表大会的制度建设，以促进全州各族人民的平等、团结和进步。

阿坝藏族羌族自治州人民代表大会，是在 1951 年至 1955 年 11 月的四川省藏族自治区各族各界人民代表会议和 1955 年至 1963 年的阿坝藏族自治州人民代表会议的基础上逐步发展、健全和完善起来的，其后经历了“文化大革命”的十年浩劫，人民代表大会制度中断，于 1978 年 12 月恢复。1980 年 12 月，阿坝藏族自治州第四届人民代表大会第二次会议根据《中华人民共和国地方各级人民代表大会和地方各级人民政府组织法》的规定，选举设立了阿坝藏族羌族自治州人民代表大会常务委会，作为州人民代表大会的常设机关，对本级人民代表大会负责报告工作。1987年，随着州名的更改而更名为阿坝藏族羌族自治州人民代表大会常务委员会。至今，阿坝州人大常委会任期已至第十二届。

阿坝藏族羌族自治州人民代表大会及其常务委员会，在州委的领导下，在上级人大及其常委会的监督、指导下，按照宪法和地方组织法赋予的职权，认真履行职责，行使职权，积极开展立法工作，实施对州人民政府、州中级人民法院和州人民检察院的法律监督和工作监督；在深入调查研究的基础上审议“一府两院”的工作报告，提出审议意见，对重大问题及时作出决议、决定，并督促贯彻执行；依法选举和任免州人大及其常委会组成人员、“一府两院”国家机关工作人员；督促办理人大代表的议案、建议、批评和意见，为阿坝州民主政治建设、政权建设和社会经济的发展，发挥了地方国家权力机关应有的重要作用。

党的十八大以来，阿坝州人大常委会坚持以习近平新时代中国特色社会主义思想为指导，牢牢把握坚持党的领导这个根本，旗帜鲜明地讲政治，坚持把党的领导、人民当家作主、依法治国有机统一作为人大工作的根本政治遵循，切实加强政治建设，全面贯彻落实党委决策部署；牢牢把握依法治国这个基本方略和保障，遵照法定职责、限于法定范围、遵守法定程序，积极探索保障宪法和法律实施的有效途径，切实加强立法工作；牢牢把握宪法和法律赋予的职责，强化责任意识、激发担当精神，紧紧围绕州委决策部署，正确监督、有效监督，切实加强监督工作；认真履行坚持人民当家作主这个社会主义民主政治的本质和核心，牢固树立以人民为中心的发展思想，进一步密切人大及其常委会同人民群众的密切联系。始终把尊重代表主体地位作为坚持和完善人民代表大会制度的内在要求，不断扩大代表参与人大及其常委会工作的广度和深度，切实加强代表工作。

2020年中国人民政治协商会议第十四届阿坝藏族羌族自治州委员会第四次会议

（二）人民政府的建设

阿坝州人民政府是阿坝州民族区域自治的行政机关。1950年，随着阿坝地区的解放，逐步建立起由中国共产党领导的人民政权。

党的十一届三中全会以后，随着工作重心转移到经济建设，阿坝州人民政府根据阿坝州的实际情况，把国务院和四川省人民政府的改革开放、发展经济、实现现代化的战略决策落实到阿坝州的全面工作中，对全州的农村经济体制改革，城镇经济体制改革，从确立旅游经济的支柱地位到打造国际优势品牌，全州基础设施建设的规划与实施，“一五”普法至“四五”普法的规划、实施，国企改制与发展民营经济，重点建设项目及其环境保护措施的落实，每年的财政预决算及其执行情况，从科教兴州战略到人才储备战略，从退耕还林还草到天然林保护工程，从农村电力电网的建设和改造到牧区饮水工程以及农牧业产业化改造等等，制定了一系列的决策、规划并组织实施，使阿坝州的经济和社会各项事业突飞猛进，成绩斐然。

党的十八大以来，阿坝州人民政府全面依法履行政府职能，政府自身建设不断加强。

一是深化“放管服”改革，政府服务效能显著提高。持续推进行政审批制度改革，强化行政审批事项监管。深入开展“证照分离”改革，大力推进“多证合一、一照一码”。全面开展“减证便民”专项行动，取消不合法、不合理手续。深入推进“马上办、网上办、一次办”政务服务改革，推行“互联网＋政务服务”，实现“双随机、一公开”全覆盖。完成州政务云和政务大数据、政府网站集约化平台建设，推动数据资源集约管理、开放共享。有效发挥效能督查作用，政令更加畅通。

二是深入推进依法行政，法治政府建设持续加强。严格落实“三重一大”和法律顾问制度，全面推行行政规范性文件合法性审核机制。有序推进政府规章、行政规范性文件“立、改、废、释”工作。持续深化“五大领域”综合行政执法改革，行政执法更加规范。主动加强与州人大常委会、州政协的沟通联系，主动汇报工作，自觉接受监督。

三是切实转变政风行风，党风廉政建设更加深入。严格贯彻落实党中央全面从严治党战略部署，深入开展“不忘初心、牢记使命”主题教育，认真抓好“七个不适应”问题整治。持续推进“两联一进”群众工作全覆盖，干群关系更加紧密。认真履行党风廉政建设责任制和“一岗双责”，充分发挥审计“免疫监督”作用，廉政风险防控更加有力。坚持“无禁区、全覆盖、零容忍”惩治腐败，反腐败斗争压倒性胜利不断巩固。全面落实中央八项规定及其实施细则精神和州委改进工作作风七条意见，坚决整治形式主义、官僚主义，庸政、懒政、怠政问题得到有效遏制，政风行风持续好转。

（三）参政议政机关的建设

中国人民政治协商会议四川省阿坝藏族羌族自治州委员会（以下简称阿坝州政协），是在中共阿坝州委领导下，由阿坝州的中共党员、各族各界民族和宗教界中上层人士、无党派爱国人士、各人民团体、工人、农牧民、非党知识分子等23个方面的代表组成，是一个具有广泛性的爱国统一战线组织，也是一个能够反映各族各界各方面的民意实情的参政议政机关。

阿坝州政协前身是成立于1951年5月的茂县专区各族各界人民代表会议协商

委员会。当时地方人民代表大会尚未建立，协商委员会代行茂县专区各族各界人民代表会议的职权。1952 年 12 月，在茂县凤仪镇召开的第一届四川省藏族自治区各族各界人民代表会议上，选举产生了四川省藏族自治区各族各界代表会议协商委员会，履行地方人民代表大会职权。1955 年 11 月 28 日，经四川省第一届人民代表大会第三次会议通过，四川省藏族自治区改称四川省阿坝藏族自治州。同年 12 月召开了阿坝藏族自治州第一届人民代表大会第一次会议。自此人民政协不再代行人大职权。1956 年 1 月 4 日，中国人民政治协商会议阿坝藏族自治州第一届委员会第一次会议召开，选举产生了政协阿坝藏族自治州委员会。1987 年，随着州名的更改而更名为中国人民政治协商会议四川省阿坝藏族羌族自治州委员会。至今，阿坝州政协常委会任期已至第十四届。

党的十八大以来，阿坝州政协及其常委会坚持以习近平新时代中国特色社会主义思想为指导，以习近平总书记关于加强和改进人民政协工作的重要思想为遵循，牢牢把握新时代人民政协性质定位和总体要求，以党的政治建设为统领，强化理论武装，加强思想引领，广泛凝聚人心、增进共识；紧扣全州中心工作，勇于承担重要任务，全力以赴服务全州工作大局；紧抓主责主业不放松，努力提高政治协商、民主监督、参政议政水平，专门协商机构的作用得以有效发挥；鲜明高质量工作导向，扎实开展提案、文史资料、新闻宣传等人民政协经常性工作，不断加强履职能力建设。阿坝州政协始终牢牢把握团结和民主两大主题，为加快建设“一州两区三家园”作出了新贡献，促进了阿坝州政治、经济、文化和社会事业的新发展，谱写了阿坝州政协事业发展新篇章。

（四）党员、干部队伍的建设

坚持“分区定功能、因需抓选配”思路，切实加强各民族干部交流交融，构建团结共事的良好氛围。推动各方面各层次干部横向交流，以选优配强重要岗位和结构人选为重点，加大州与县、县与县干部交流力度，畅通行政与事业、机关与基层干部交流渠道，推动形成“牧区县干部提拔到农区县、农区县干部提拔到牧区县、机关干部提拔原则上到基层一线”用人机制。2019 年，13 个县（市）领导班子成员分别涵盖藏、汉、羌、回、苗、满 6 个民族，其中藏族占 51.2%、汉族占 29.3%、羌族占 15.3%、其他民族占 4.2%。推动涉藏地区和内地干部双向交流，通过对口援藏等渠道，近年来从内地和省直部门交流进州任职县处级干部 21 名；换届时，根据涉藏地区与内地干部人才“双向交流”安排，阿坝州 14 名优秀干部到内地任职。推动优秀年轻干部挂职交流，实施优秀年轻干部培养“双百工程”，加强党政机关与州属国有企业干部人才双向挂职 50 名；利用东西扶贫协作等机遇，积极争取内地优秀干部到州内交流挂职、选派州内干部人才特别是少数民族干部人才到内地挂职，累计接受内地挂职干部人才 1100 余人、赴内地挂职干部人才 500 余人。加大干部关心关爱力度，建立健全正向激励制度机制，实施“夫妻团聚工程”，建立全州 3300 余名夫妻两地分居干部台账，已解决两地分居长达 5 年以上干部职工 196 人。全面落实干部带薪年休假和艰苦边远地区特殊休假。分级落实干部免费体检，组织 13 县（市）党政主要领导进行集中体检。开展“阿坝高原藏区干部离岗退休后生存状况”专题调研，提出建立保健委员会、高原病防治研究所、颐养康养基地等 10 条对策措施，切实让各族干部在阿坝安心、安身、安业。

不断加强党的建设，增强党组织的战斗力和凝聚力。突出“三个全域”建强基层组织、乡村班子、党员队伍。实施“两个覆盖”攻坚，以远牧点、散居点、暂居点、交界地“三点一地”为突破，依托“边界地共建计划”建立联合党组织 78 个；2018 年以来共整顿 41 个“软乡”、153 个“弱村”；完成 851 个村标准化建设、225 个村得到巩固提升、272 个村“星级化”申创。换届中由贫困程度、维稳任务较轻乡镇向较重乡镇调剂编制职数 220 个，在牧区四县 59 个乡镇增配 1 名维稳副书记专抓稳定，全州 219 个乡镇均配备 1 名副乡镇长专抓扶贫；建强村级班子，突出带头人关键作用，实施“千村好书记”培育引领计划，制定规范化管理“六条意见”。强化政治标准把关，制定党员合格评价办法，明确具体评判标准和程序，制定党员发展工作追责问责办法；强化日常教育管理，实行“积分评星”分类管理，深入开展“戴党徽、亮身份、作表率”活动，引导践行合格党员标准；结合反分维稳、扫黑除恶等，推行“资格联审”，及时稳妥处置不合格党员。

1953 年 1 月 1 日撤销茂县专区，改设四川藏族自治区，在马尔康暂设自治区人民政府办事处

四川藏族自治区办事处第一届首次各族各界代表会议全体代表合影

阿坝县召开"两新"组织党建工作联席会

阿坝长征干部学院开展民族团结进步宣传教育活动

阿坝长征干部学院开展的特色教育活动

理县基层党组织落实主体责任述职评议会

领导干部讲党课

马尔康市卓克基镇西索村"三会一课"现场观摩会

茂县对全县43名乡镇党务干部进行履职尽责能力测试

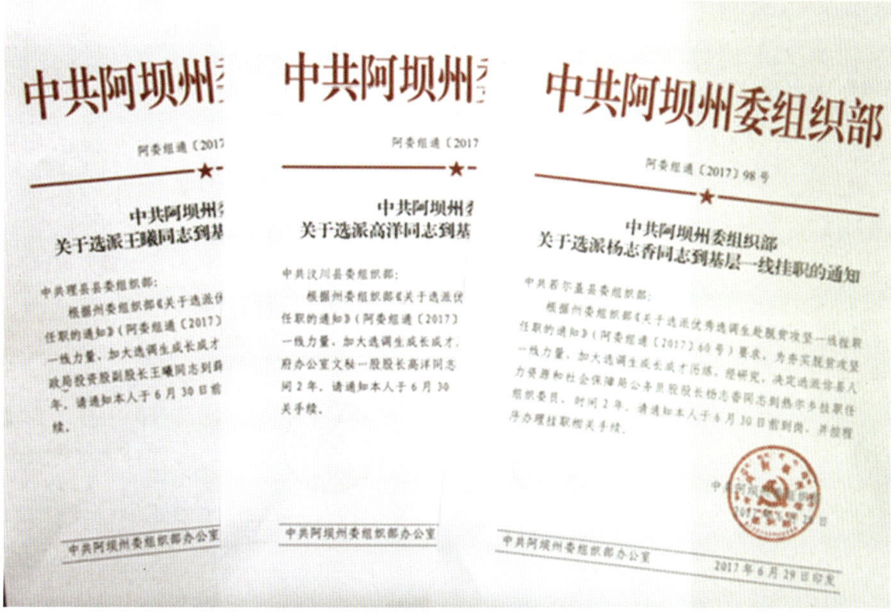

选派优秀选调生到基层一线挂职

农家书屋授牌仪式

三、文化建设欣欣向荣

党的十八大以来，阿坝州文化事业发展迅速，建立了相对完善的公共文化服务体系。文化遗产得到保护和传承，文化精品享誉国内外，文艺人才脱颖而出，文化事业欣欣向荣。

（一）公共文化服务体系

阿坝州以完善公共服务网络为基础，推进公共服务体系建设，强化监督管理，现代公共文化服务体系建设取得新进展。始终坚持“文化惠民、文化为民、文化靠民”的工作理念，着力构建服务优质、保障充分、特色鲜明的州、县、乡三级公共文化服务体系。努力提高公共文化服务能力，深入实施“文化惠民”工程，送文化下基层活动定期开展，农村电影放映、公共文化设施免费开放成常态，各类群众文化活动常搞常新，基层农牧民群众的精神文化生活得到极大丰富。

截止到 2019 年，全州有文化馆（美术馆）15 个，文物管理所 9 个，博物馆（纪念馆）9 个，公共图书馆 14 个，图书馆书籍馆藏量 86.73 万册；有乡镇综合文化站 219 个，村级综合文化室和农家书屋 1354 个、寺庙书屋 253 个、社区书屋 51 个，基本实现了“州、县（市）有两馆，乡（镇）有站、村有室、广电进村入户”。

图书馆电子阅览室

县级广播电视台业务用房

阿坝州博物馆

欢乐乡村行文化惠民活动启动仪式

灾后重建项目——小金县文体中心

羌年被列入国家级非物质文化遗产

（二）民族文化遗产抢救和保护

1. 非物质文化遗产保护

阿坝州地处藏羌彝走廊的重要地段，在悠远的历史长河中形成了浩瀚瑰丽、多元融合的民族传统文化，是文化遗产大州。目前，阿坝州 19 个非遗项目进入国家级非物质文化遗产名录，66 个非遗项目进入省级非物质文化遗产名录，457 个非遗项目进入州级非物质文化遗产名录，975 个非遗项目进入县（市）级非物质文化遗产名录。有 13 名国家级非遗传承人，82 名省级传承人，371 名州级传承人。有羌绣、卡斯达温等 25 个非遗传习所，国家级非遗生产性保护基地 1 个、省级非遗生产性保护基地 3 个、省级非遗传习基地 3 个；国家级民间艺术之乡 2 个，省级民间艺术之乡 16 个。

国家级非物质文化遗产——瓦尔俄足节

羌年被联合国教科文组织列入《急需保护的非物质文化遗产名录》，汶川、理县、茂县等 5 个羌族聚居县被纳入国家羌文化生态保护实验区。

努力促进非遗资源自觉融入到建设川西北生态经济示范区工作中，藏历年、羌年、羌族瓦尔俄足节、理县夬儒节等民俗节庆活动已成为阿坝州文化旅游的一张张名片。合理利用藏羌织绣、唐卡、藏香、藏族祥巴（版画）等非遗生产性保护项目，促进农牧民传承文化、发展文化、创业增收，使阿坝州非物质文化遗产在保护中焕发勃勃生机。

国家级非物质文化遗产——觉囊梵音

国家级非物质文化遗产——卡斯达温

国家级非物质文化遗产——九寨沟熊猫舞

金川县马奈锅庄表演

羌族山歌表演

嘉绒姑娘喜庆丰收

第五届羌年花儿纳吉赛歌节

黑水卡斯达温

甘堡的博巴森根

南坪曲子合奏

2011 年中国四川国际文化旅游节

羌族释比带领绵虒镇当地群众举行祭祀仪式

手绣国旗感党恩

羌族羊皮鼓表演

藏羌碉楼与村寨——茂县黑虎群碉

2. 文物保护和考古发掘

勤劳智慧的藏羌人民在长江、黄河上游创造了光辉璀璨的物质文明与精神文明，“藏羌碉楼与村寨”进入了世界文化遗产申报预备名单，茶马古道申遗正积极准备。茂县营盘山、马尔康哈休、金川刘家寨等考古发掘，将阿坝州有人类活动的历史向前推进了近5500—6000年，填补了岷江流域和大渡河上游新时期考古的空白。其中，茂县营盘山遗址入围“2004年度全国十大考古新发现”提名、金川刘家寨遗址名列“2012年度全国十大考古新发现”。

墨斯都岩画

全州现有不可移动文物点2132处，其中全国重点文物保护单位16处32个点，四川省文物保护单位66处114个点，阿坝州文物保护单位94处，县级文物保护单位613处；国有收藏单位共收藏可移动文物55932件/套，其中一级文物31件/套，二级文物49件/套，三级文物937件/套。

茂县博物馆藏品——青铜鸟

茂县博物馆藏品——羊尊灯

歌舞《阿扎·吉祥戴给你》2014年获四川省第七届少数民族艺术节业余组创作一等奖

（三）民族文化艺术事业繁荣

1. 优秀艺术作品

阿坝州大力引导和积极鼓励广大文艺工作者深入农牧民群众之中，从生活中汲取养分和创作灵感，推出了一批思想性、艺术性、观赏性俱佳的文艺作品。新创优秀舞蹈作品《梦幻东女》《打墙舞》《吾热桑桑》《切俗·吉汝戈》《尔玛的脚步》《嘉绒依咪》《棋艺》《泽曲博嫫》《莎哟啊哟》《阿拉依学》等200余个；新创优秀音乐作品《总书记来到咱家乡》《我的马尔康》《纯净小金》《吉祥甘堡》《四姑娘山》《高原颂》《多彩的阿坝高原》等300余首；新创优秀美术作品《羌寨风情》《高原阳光》《家园》等550余幅；拍摄摄影作品《相聚羌年》《丰收图》《羌山抒怀》等5500余幅。收集整理了《喇嘛恩布》《依勒格布》等民间歌曲；创编曲艺节目《红原龙头琴弹唱》《老爷挑礼袍》；创编“藏羌广场舞”并录制成光碟出版发行。

原生态歌舞《藏谜》剧照

一大批优秀作品获得各种殊荣。如舞蹈《则曲博嫫》、曲艺节目《红原龙头琴弹唱》《老爷挑礼袍》参加2017年四川省第二届农民艺术节暨群星奖比赛获得专家评委一致好评；摄影作品《相聚羌年》获第二届群星璀璨四川省群文美术、书法、摄影优秀作品展优秀奖；舞蹈《阿拉依学》《莎哟啊哟》分获2016年四川省第二届“欢跃四季 舞动天府”广场舞比赛三等奖和优秀奖；音乐类节目《博巴森根》、舞蹈类节目《鼓·舞新时代》获得2019年第二届四川艺术节“群星奖”；美术作品《毗卢遮那圣窟》获得2019年第二届四川艺术节“文华奖”美术类三等奖；大型歌舞诗《故乡·多彩阿坝》获第七届四川省少数民族艺术节目最佳剧目奖，导演、舞美、表演一等奖，音乐二等奖，编剧三等奖及首届四川艺术节“文华奖”剧目类“剧目奖”。

《藏谜》《羌魂》等一大批优秀舞台艺术精品，在全国各大省市巡演，反响强烈，藏羌艺术文化品牌逐渐形成。其中大型民族音乐剧《辫子魂》讲述了鸦片战争时期，面对英国等列强入侵，阿坝藏羌屯兵临危受命，2000勇士怀揣保家卫国的光荣使命，5000里奔袭宁波，以“不战胜，即战死”的决绝之志，英勇杀敌、重创英军、慷慨赴义、血溅沙场这一悲壮的历史事件，荣膺四川省第八届少数民族艺术节舞台艺术精品专业组一等奖，荣登四川省2018年度百家推优工程榜，入围国家艺术基金2019年度大型舞台剧和作品创作资助项目。

国家级非物质文化遗产——羌绣

2. 文化产业

阿坝州围绕“一线一廊两道六带”，推动藏羌文化产业走廊建设，挖掘、整合优势文化资源，培育出唐卡、羌绣、祥巴、西路边茶、藏谜、九寨千古情等一批知名文化品牌；成功创建国家级文化产业示范基地 1 个，省级文化产业示范基地 3 个，州级文化产业园区 4 个；成功申报国家级传统村落 5 个、“四川最美古村落” 4 个。

特色村寨建设发展迅速。2014 年，阿坝州有 2 个村寨被命名挂牌“中国少数民族特色村寨”。到 2019 年，阿坝州已有 23 个村寨被命名。

阿坝州映秀东村非物质文化遗产创意园区

《九寨千古情》第三场《汉藏和亲》剧照

藏羌彝文化产业走廊重点项目——中国羌城

川主寺镇牧场村民居院落

黑水木日村

恢复重建的绵虒镇三官庙民居

马尔康市沙尔宗镇从恩村

茂县太平乡杨柳村

南坪曲子在澳门参加文化交流活动

《汶川奇迹》剧照

2012年阿坝州文化馆赴台北举办藏羌艺术展

2015年阿坝州民族歌舞团赴泰国交流演出

3. 对外文化交流

阿坝州进一步实施藏羌文化“走出去”和“请进来”工程，不断提升具有阿坝特色、藏羌风格、阿坝气派的优秀文化产品的国际影响力，更好地服务于阿坝州经济社会发展大局，形成了全方位、宽领域、多层次的文化交流格局，阿坝与海内外的文化交流与合作不断取得新的发展。

阿坝州选手参加第十一届全国少数民族传统体育运动会

阿坝珍珠球队在全国享誉盛名、屡获佳绩

藏棋争霸

（四）民族体育运动蓬勃开展

阿坝州紧紧围绕“增强人民体质”服务宗旨，以人为本，创新方法，使民族体育工作开展得有声有色，多次获得“全国群众体育先进单位”“全国民族体育先进集体”“全国全民健身周活动先进单位”“全国优秀群众体育健身活动站”等荣誉称号。2019 年，开展大中型群体体育赛事 40 余次，其中州级大型群体赛事活动 8 次，参与人数达 20 万余人。户外、登山、越野、马拉松、自行车、汽摩拉力等项目为主的各类赛事在阿坝州遍地开花。第十一届全国少数民族传统体育运动会上，阿坝州代表队分别为四川省代表团获得珍珠球项目男子冠军、女子亚军。其中，男子珍珠球队首次获得全国冠军，实现四川省民族体育男子集体项目在全国比赛中金牌零的突破。阿坝珍珠球队在四川省第十五、十六、十七、十八届民运会中包揽珍珠球项目所有冠军，保持 12 年来四川珍珠球项目的霸主地位。

四、社会事业快速发展

党的十八大以来，阿坝州的社会保障体系更加健全，养老、医疗、社会救助制度进一步完善，依法治州深入推进，医药卫生事业突飞猛进，教育优先发展不断强化，就业制度日益规范，各项社会事业迅速发展。阿坝州委、州政府始终坚持以人民为中心的发展思想，尽心竭力办实事、做好事、解难事，人民群众的获得感幸福感安全感不断增强。

（一）社会保障体系发展

1. 织好城乡社会保障网

阿坝州深入实施全民参保计划，完善城乡居民基本养老保险、基本医疗保险等制度，稳步提高保障水平。2019 年，全州养老、医疗、失业、工伤、生育五项保险参保人数分别达 100082 人、867056 人、76171 人、120896 人、39394 人。五项社会保险基金收入分别达 207790 万元、156383.89 万元、6675 万元、5896 万元、1348.45 万元。五项社会保险基金分别发放 300142 万元、116129.05 万元、4657 万元、5221 万元、1550.91 万元，各项社会保险待遇按时足额发放。城乡居民养老保险覆盖人数达 375989 人，其中僧尼 10433 人。确保了年满 60 周岁以上城乡居民养老金按时足额发放。

2. 织好特殊人群社会保障网

至 2019 年，全州建有公办养老机构 39 个，其中县级社会福利服务中心 14 个，农村敬老院 25 个，设置床位 5324 张。社区日间照料中心 245 个，为 29655 名老人提供居家养老服务。全州共有 14461 人享受高龄补贴，其中年满 80 周岁及以上僧尼 386 人。全州 10079 名残疾人享受城乡低保、五保供养等社会救助；做好残疾人“两项补贴”发放工作，有 10569 人享受重度残疾人护理补贴政策，有 7716 名困难残疾人享受生活补贴。

领取补贴

医疗保障

新版社会保障卡

社保服务进家庭

老有所养

阿坝州宗教事务实现依法管理

（二）依法治州

1. 依法行使自治权

阿坝州始终坚持“依法治藏、富民兴藏、长期建藏”方针，高举“祖国统一、民族团结、法律至上”旗帜，结合当地实际，不断总结经验，制定民族自治条例、单行条例及变通规定共27件，将全州政治、经济、社会、文化建设事业纳入了法治化轨道。

阿坝州不断健全和完善学法用法长效机制，普遍建立法律顾问制度和重大决策法律咨询、法律支持和合法性审核机制，切实增强领导干部运用法治思维和法治方式深化改革、推动发展、化解矛盾、维护稳定的能力。

考察立法工作

聘请法律顾问

任前宣誓

年轻干部学法

任前法律知识测试

普法宣传进乡村（一）

普法宣传进乡村（二）

普法宣传进医院

普法宣传进校园

2. 普法教育

阿坝州认真贯彻落实法制宣传教育规划，充分调动各级各部门、社会团体和普法志愿者的积极性，重点强化法制宣传教育体系建设，推动普法、依法治理工作深入发展。通过普法规划的实施，全州法治化管理水平不断提高，依法治理工作取得良好的成效。

普法宣传进学校

普法宣传进企业

普法宣传进景区

普法宣传进寺庙

金川县法治文化宣传月活动

村寨法治宣传活动

草原骑警

3. 公正司法

阿坝州充分发挥司法职能作用，以促进社会公平正义、增进人民福祉为出发点和落脚点，依法办理各类案件，妥善化解各类矛盾纠纷，确保人民安居乐业、社会安定有序。

法律咨询

学习法律知识

法官讲法

交心谈心

现身说法

办事依法

遇事找法

解决问题用法

化解矛盾靠法

4. 基层依法治理

阿坝州把开展基层法治创建作为推进依法治州的重要载体，积极构建法律服务体系和网络，全面实施法律顾问制度，大力开展法律服务民生工程，成功创建了一批国家级、省级民族团结进步模范村、法治示范县、文明和谐寺庙、依法治校示范校、民主法治示范村等。

寺庙僧侣读报学法

5. 依法治寺，僧尼守法持戒

阿坝州始终把寺庙管理作为法治工作的重要组成部分，制定实施《阿坝州宗教事务条例》和《阿坝州藏传佛教事务管理暂行办法》等一系列依法治寺的法规，扎实构建党委政府依法决策、部门依法治理、僧俗群众依法办事的寺庙管理新格局。全州初步实现了依法治寺、以戒管僧、僧尼守法持戒的良好局面。

寺庙法律明白人讲法

介绍依法治寺

僧俗群众领取法制宣传材料

宽敞明亮的小学图书室

设备完善的中学语音室

“9+3”免费职业教育

阿坝师范学院

（三）教育优先发展

阿坝州优先发展教育事业，15年义务教育保障水平进一步提升，城镇小区配套幼儿园建设进展顺利，高考综合改革深入推进，阿坝职业学院办学条件更趋完善。2019年底，有普通高等院校2所，专任教师549人，普通本科招生2018人，在校生7573人；普通专科招生1203人，在校生3606人；本专科毕业生1978人。全日制中等职业学校4所，专任教师323人，在校生3406人。小学243所，专任教师6600人，在校生63745人。普通中学55所，专任教师4238人，在校生43945人；普通中学中高中18所，专任教师1383人，在校生15685人。幼儿园277所（含民办），在园幼儿30706人，幼儿园适龄幼儿入园率85.97%。小学学龄儿童入学率99.87%。“9+3”在校生2273人，应届毕业生初次就业率达97%。

20 世纪 70 年代的幼儿园

如今的幼儿园

设施完善的汶川县人民医院

（四）医疗卫生

近年来，阿坝州深入推进“健康阿坝”建设，现代医院管理制度建设、薪酬制度改革等试点进展顺利，州内诊疗量不断提升，孕产妇、婴幼儿死亡率大幅下降。2019年末，全州有卫生机构（含村卫生室）1756个，其中医院40个（综合医院22个，中医民族医15个，中西医结合医院2个，专科医院1个），卫生院220个，社区卫生服务机构13个，采供血机构1个，村卫生室1333个。卫生机构拥有床位5121张。有卫生技术人员6928人，其中，执业（助理）医师2320人，注册护士2214人。婴儿死亡率7.83‰，低于全省民族地区平均水平。孕产妇住院分娩率98.2%，人口自然增长率5.43‰。

20 世纪 60 年代马背上的医生

20 世纪 60 年代儿童预防接种

巡诊义诊

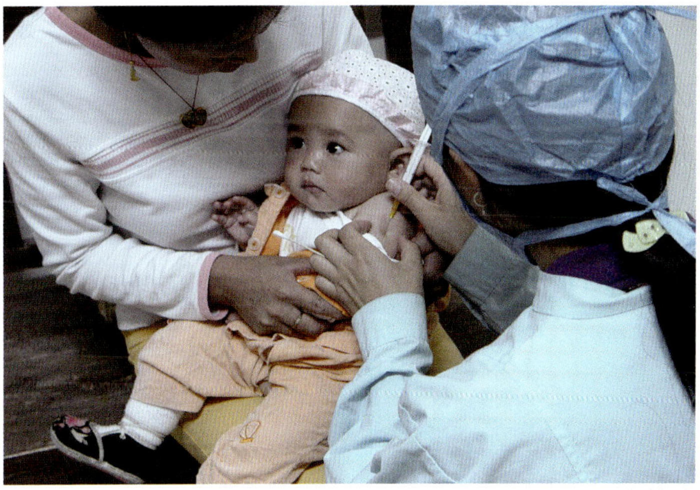

预防接种

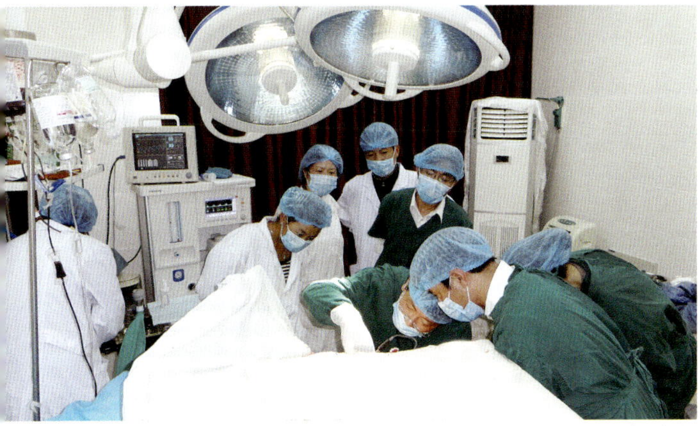

现代治疗手术

现代医疗条件

上门巡诊

大骨节病普查

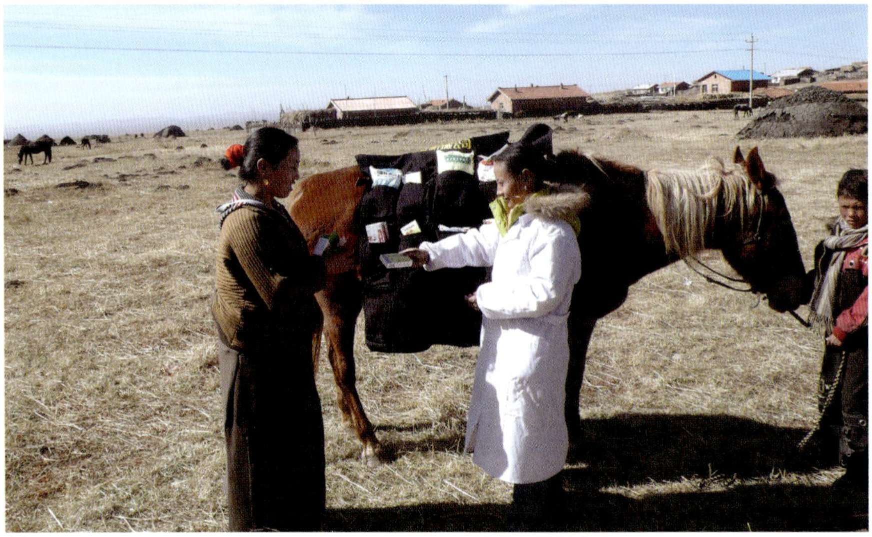
马背药袋

全民体检

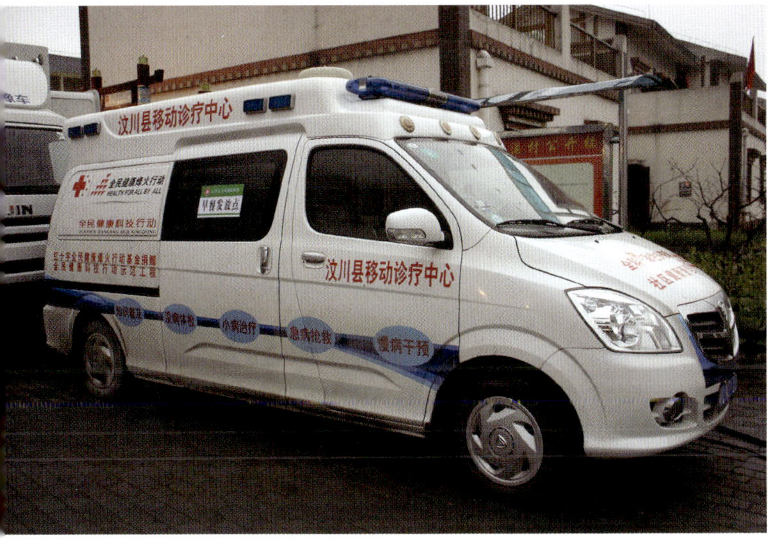

移动诊疗车

乡村诊所

阿坝州是全国罕见的大骨节病重病区，大骨节病流行时间长、分布广、病人多、病情重。2008年，全州13个县（市）中有95个乡镇379个村流行大骨节病，大骨节病现症患者4.12万人，分别占全省、全国病人总数的90%和5%以上。2013年识别病区建档立卡贫困村168个病区村，建档立卡贫困患者3025户6543名。

为了从根本上解决患者因病致贫、贫病交加的突出贫困问题，探索民族地区扶贫开发和地方病防治有效途径，为集中连片特困地区摸索有益经验，2008年，在中央领导的亲切关怀和国家相关部委的大力支持下，国务院扶贫办和四川省政府启动了“阿坝州扶贫开发和综合防治大骨节病试点工作”。采取易地育人、易地搬迁、更换粮食、饮水安全、社会保障、移民安置、调整结构、卫生防治、科技攻关九大措施，大骨节病蔓延趋势得到有效控制，病区面貌发生了巨大变化，被国务院扶贫办誉为“发展、防病、稳定”三位一体的大骨节病综合治理“四川模式”。到2019年底，全州168个建档立卡大骨节病区贫困村退出，3025户6543名大骨节病贫困患者全部脱贫。

阿坝州大骨节病防治工作的主要措施包括：

（1）易地育人。将病区2.64万名5周岁以上儿童全部转入非病区寄宿制学校就读，阻断病因链，控制新发病例，全面提高病区教育水平和后备劳动力素质。

若尔盖县易地育人校区

认真学习

快乐用餐

整洁明亮的学校餐厅

易地育人校区综合楼

阿坝县易地育人学生接送车

快乐的易地育人校区学生

红原县大骨节病区“易地育人班”师生欢庆“六一”

易地育人校区学生在操场活动

易地搬迁安置点（一）

易地搬迁安置点（二）

（2）易地搬迁。基本实现"搬得出、住的稳、可防病、能致富"目标，对控制大骨节病蔓延奠定了基础。

易地搬迁安置点（三）

安斗乡大骨节病区移民搬迁

移民搬迁安置点

马尔康县易地搬迁安置点

邛溪镇热坤村定居新居

2007 年 1 月省政府送来慰问品

红原县综合防治大骨节病更换粮食供应点

给大骨节病患者发放的粮食

（3）更换粮食。病区群众膳食结构得以改善，对阻断病源、防止新发、缓解病情、增强抵抗力、提高生活质量起到了积极作用。

供粮到村，在车上发粮

红原邛溪粮站发粮现场

牧民群众凭供应证领粮

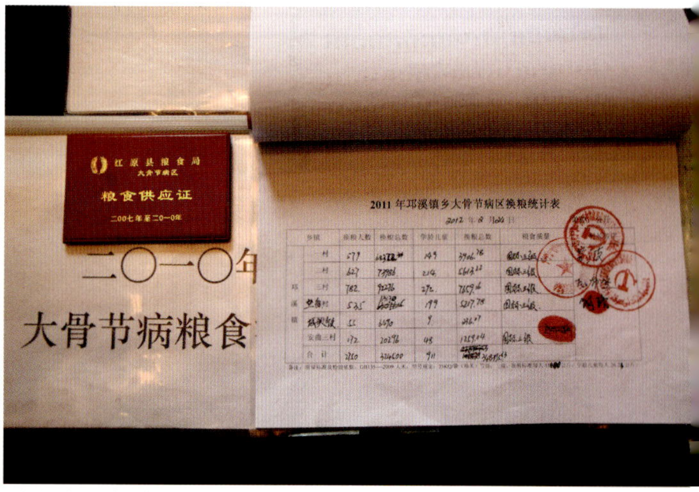

群众换取粮食

红原正式启动实施大骨节病患者换粮发放工作

安全饮水基建

安全饮水

四川省大骨节病区供水安全示范井工程

饮水安全保温窖

当地居民安全饮水

安全饮水项目

（4）饮水安全。饮水质量、产业发展、用水条件得到改善，阻断水源感染途径。

发放补助款到户

国务院扶贫办在阿坝县调研（一）

国务院扶贫办在阿坝县调研（二）

（5）社会保障。患病群众享受到高于民政一般补助标准的社会保障和医疗救治，基本生活得到保障。

敬老院

集中供养中心

马尔康县大骨节病Ⅰ、Ⅱ度患者农村低保发放暖民心

马尔康县开展大骨节病患者帮扶活动现场

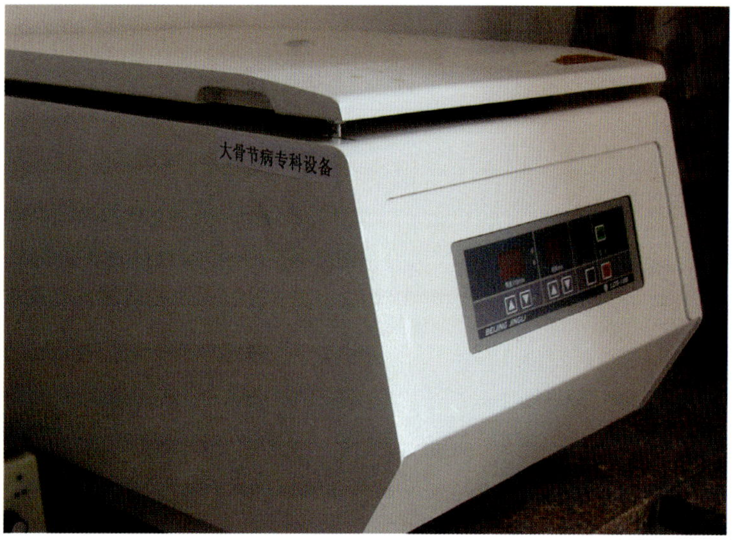

大骨节病专科设备

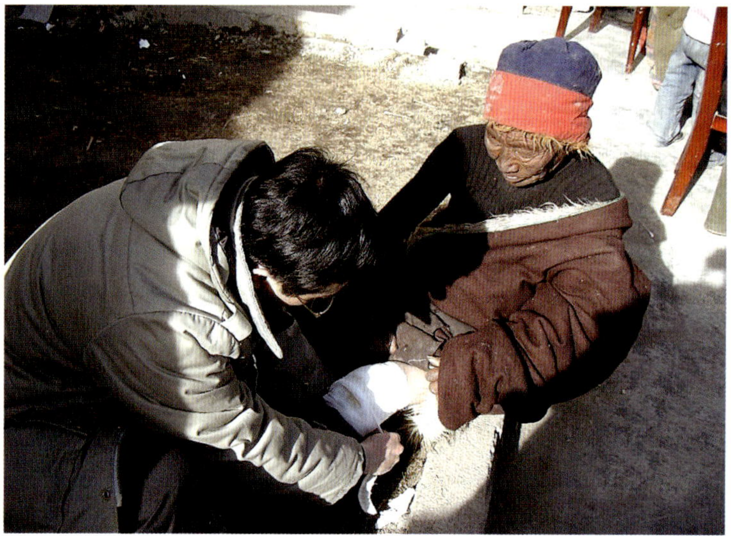
现场进行中医药治疗

（6）卫生防治。建立健全了处于全国领先水平的大骨节病监测体系，为及时发现大骨节病致病危险因素提供了技术保障；建立健全了健康教育和健康促进体系，为全国同类病区提供了参考模板；医疗救治和疾病预防控制能力显著提高。

中医药治疗课题组专家为患者现场诊治

专家对大骨节病患者进行检查和治疗

专家现场接诊

改造后的片区种植基地

（7）结构调整。从无到有、从有到优，建成优质蔬菜、特色水果、高原马铃薯、优质青稞等基地，大力实施生态畜牧业和特色种植业项目，增强了病区群众自我发展能力。

大黄种植基地

村民收割蔬菜

大棚花卉基地

高原白瓜

高原莲花白

高原莴笋

红原县草场

羌脆李子种植基地

蜂蜜产品

高原马铃薯

花椒种植

苹果种植基地

葡萄种植基地

藏绵羊养殖

跑山鸡养殖基地

肉牛养殖基地

现场招聘

（五）就业创业

阿坝州大力实施就业促进工程，就业促进机制进一步健全，做好劳动力供求信息的收集、分析，鼓励、支持、帮扶自主创业，出台贫困劳动力转移就业优惠政策。深入开展劳务品牌、职业技能和返乡创业培训，做好牧区无业青年、大中专毕业生、退役军人等重点群体就业工作，加强城镇就业困难人员就业帮扶。鼓励灵活就业、跨区域就业。

2019 年，全州户籍总人口 89.93 万人，适龄劳动人口为 54 万人，其中 25.6 万人从事农牧业生产，11.8 万人从事非农产业或异地就业，4 万人季节性兼业性转移就业。城镇 12.6 万适龄劳动力中，20% 从事第二产业，46% 从事第三产业，34% 为行政事业（含政法）单位人员。城镇新增就业 8235 人，完成目标任务的 102.94%；失业人员再就业 1017 人，完成目标任务的 191.89%；就业困难人员就业 214 人，完成目标任务的 214%；青年就业见习 240 人，完成目标任务的 120%；动态消除了零就业家庭，城镇登记失业率为 3.28%，控制在目标任务 4.0% 以内；登记失业人员就业率达 35%；离校未就业高校毕业生实现就业或处于就业准备活动达 97%；发放创业担保贷款 1892 万元，完成目标任务的 105.11%。

羌绣培训

新品种种植培训

病虫害防治培训

烹饪技能培训

服务技能培训

中共阿坝州委十届五次会议提出全力建设川西北生态经济示范区

五、生态建设持续提升

生态文明建设是关系中华民族永续发展的千年大计。阿坝州始终践行绿水青山就是金山银山理念，坚定不移走生态优先、绿色发展之路，进一步完善生态保护修复、资源高效利用等制度，共同抓好大保护，协同推进大治理，生态文明建设取得显著成效。

（一）生态建设是未来发展的客观选择

生态建设是阿坝州人民的夙愿。“5·12”汶川特大地震后，全州人民对加强生态保护和实施可持续发展战略的呼声和要求日趋高涨。

自 2011 年起，国家大力支持阿坝州实施的生态保护与建设项目，总投资超过 66 亿元，包含天然林保护工程、退耕还林、防沙治沙、湿地保护、退牧还草等 11 个项目。

生态建设是阿坝未来发展的经济基础。富集的生态资源给农畜产品加工、工业原材料提供了经济基础，为旅游业提供了长足发展的环境基础。

把蓝天白云、青山绿水留给子孙，把生态效益留给社会，把民生改善融入生态的补偿机制中，把阿坝经济驶入健康、可持续发展，把人与环境和谐相处植根于社会治理，把阿坝的发展回归于尊重自然、民意，这是阿坝生态经济发展的愿景展望。

黄河九曲第一弯金秋

花湖晓月

（二）生态保护与建设

1. 生态立州

阿坝州共有 25 个自然保护区，面积 229 万公顷，是我国西南林区重要组成部分和长江、黄河上游绿色生态屏障，更是建设川西北生态经济示范区的基础。

阿坝州始终坚持生态立州。立足国家主体功能区定位和“一屏四带、全域生态”发展新格局，自觉肩负生态保护建设重任。深入实施绿化美化全州、民生项目木材替代行动。扎实推进大熊猫国家公园体制试点。全面落实河（湖）长制，严格执行“三线一单”、生态环境影响评价和生态环境准入制度。全力实施污水、垃圾处理设施建设三年推进方案。系统推进岷江大渡河上游地区生态修复等重点工程。有序推进森林草原湿地生态屏障县建设，多美林卡、若尔盖湿地保护与恢复等项目。2019 年恢复湿地 2.92 万亩，完成土地沙化治理 151.75 公顷，实施草原禁牧 2000 万亩，草畜平衡 3765 万亩。坚决打好污染防治“八大战役”，重拳整治生态环保问题。清理整顿“散乱污”企业，关停违法违规砂石企业。主要河流出境断面水质均优于Ⅲ类标准，地表水环境功能区水质、农村土壤环境质量达标率和空气优良天数比例均为 100%，稳居全国、全省前列，生态“含金量”持续提升。

九寨沟芦苇海

黄龙争艳池

九寨沟冬雪

达古冰山 1 号冰川

月亮湾

牟尼沟扎嘎瀑布

花海子秋色

汶川县威州镇人工造林——岷江柏

2. 天保工程

“天保工程”即天然林保护工程。通过 1998 年至 2017 年天保工程一期二期的实施，累计完成总投资 575465 万元。其中，中央投资 509052 万元；地方配套资金 66413 万元。累计减少木材生产 721 万立方米；累计完成营造林 1271.4 万亩（其中，人工造林 287.8 万亩，封山育林 917.6 万亩，飞播造林 66 万亩），完成森林抚育 427.9 万亩。

通过天保工程 20 年的建设，全州有林地面积和森林蓄积量明显增长，森林质量和覆盖率不断提高，森林覆盖率由 1998 年的 21.76% 提高到 2019 年的 26.58%，森林生态功能逐渐得到恢复，生物多样性日益丰富，生态环境明显改善，生态、经济和社会效益凸显。

理县米亚罗镇封山育林区

马尔康县卓克基镇人工造林——云杉

茂县南新镇人工造林——云杉

九寨沟双河乡种植毛柏杨

3. **退耕还林**

1999年，国家在阿坝州全面启动退耕还林工程，累计完成退耕还林工程76.68万亩、配套荒山造林34.7万亩、封山育林38万亩。累计兑现政策补助粮食4.77亿斤、资金28.87亿元。“绿色颜值”不断提升，不断筑牢长江、黄河上游生态安全屏障。

若尔盖县巴西乡种植高山柳

茂县渭门乡种植清脆李

小金县沃日乡种植酿酒葡萄

民族团结篇

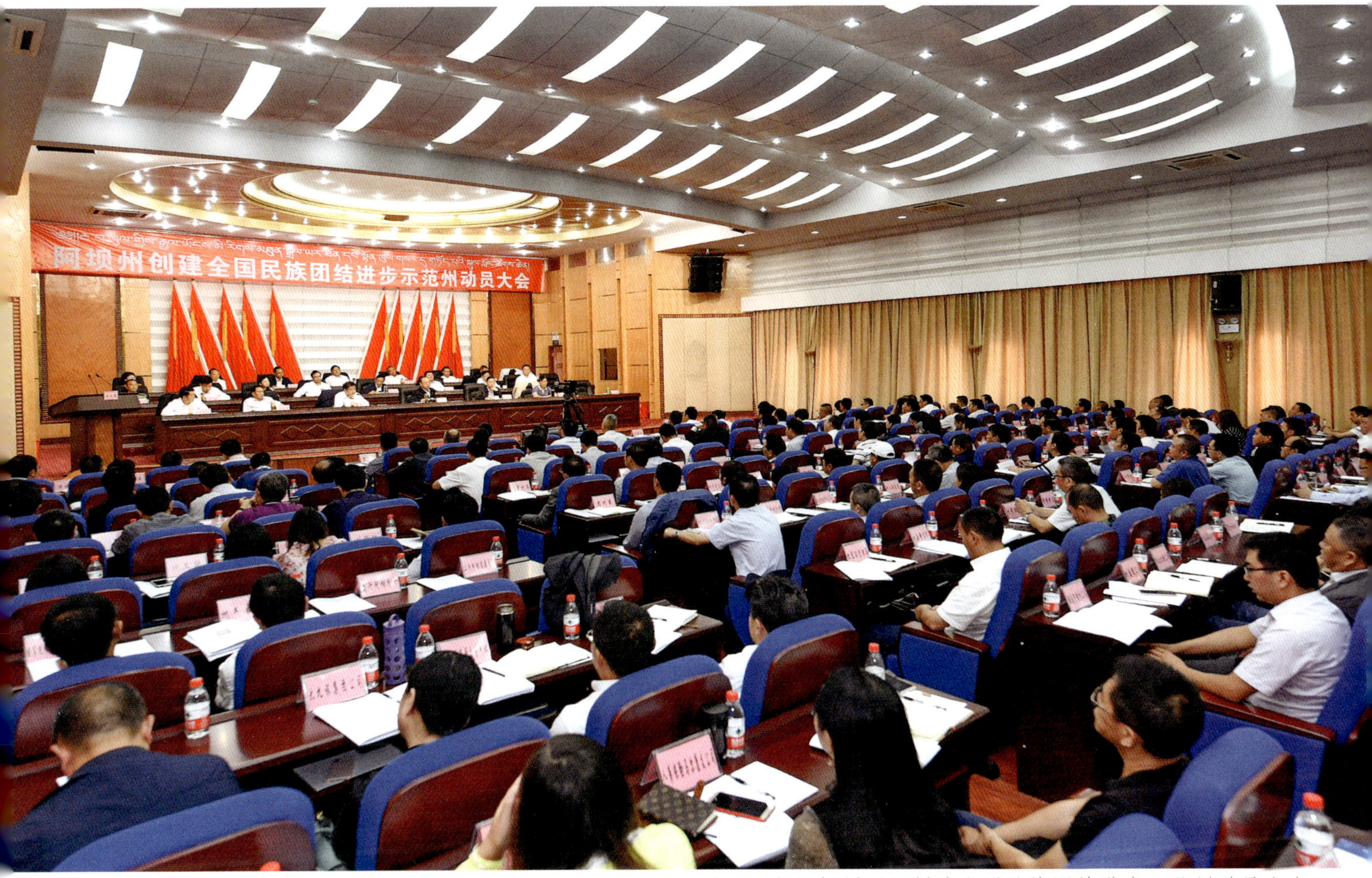

2018年阿坝州召开创建全国民族团结进步示范州动员大会

手足相亲，团结和睦，是各族父老乡亲恪守传承的民族情缘。风雨同舟，守望相助，是各族兄弟姐妹齐声高唱的团结乐章。在阿坝这个大家园里，生活着藏、羌、回、汉等94万各族儿女，各族人民像石榴籽一样紧紧抱在一起，大家休戚与共，手足相亲，守望相助。党的十八大以来，阿坝州以铸牢中华民族共同体意识为主线，坚持把民族团结进步创建工作作为基础性、战略性、长远性的任务来抓。如今的阿坝州，一幅幅盛世和谐、民族团结的优美画卷，一个个平安有序、发展进步的繁荣景象，诠释了全州各项社会事业发展带来的深刻变化，各族群众在这片沃土上安居乐业，和睦共处，同步小康。

民族团结进步条例

一、团结进步基石牢固

阿坝州的历史是一部民族交往交流交融的团结进步史。文成公主经此入藏，茶马古道在此蜿蜒，联通了民族团结进步之路。在悠悠的历史长河中，各民族在阿坝这片古老的土地上生息繁衍、共建家园，民族融合从未间断，各民族互相学习、取长补短，彼此结下了深厚的友谊。

在战争年代，阿坝各族儿女共同熔铸了以爱国主义为核心的伟大民族精神。1840 年，第一次鸦片战争爆发，面对帝国主义的入侵，阿坝嘉绒屯兵毅然出兵、保家卫国，长途奔袭数千公里，在东南沿海抗击侵略者，最终慷慨赴义、埋骨异乡，这段可歌可泣的英雄故事至今仍在阿坝大地传唱。1935 年，红军长征进入阿坝，翻雪山、过草地，将革命的种子播撒在藏寨羌乡。红军在阿坝辗转 16 个月，召开了两河口、卓克基、芦花等 10 次政治局会议，创建了各级苏维埃政府和少数民族革命政权，根植了各族群众听党话、跟党走的坚定信念。阿坝人民为红军长征作出了重要贡献，当翻译、做向导、抬伤病员、报告敌情、筹集食品、运送粮食等，毛泽东同志赞誉其为“牦牛革命”。

1950 年初，中国人民解放军在进军阿坝地区的过程中，所到之处，严格遵守“三大纪律，八项注意”，认真执行党的民族政策，在完成军事任务的同时，还帮助各族群众耕地秋收、修桥补路、砍柴治病、发放救济粮等。部队还向各族人民进行爱国主义教育和民族团结教育。在阿坝县 12 部落和壤塘 40 多个部落的 8 万多人中先后召开座谈会 115 次，群众大会 165 次，军民联欢 67 次，邀请群众看电影和看戏 80 多场次。解放军的模范行动，扩大了党和政府的影响，赢得了各族群众的信任和支持。在黑水剿匪时，藏族群众主动为部队报告匪情，捕捉散匪，在黑水和草地的 7 个月中，各族群众组织了 8 万多民工、4 万多头牲口参加运输工作，保证了部队的供应。这种良好的军民关系为形成新型的民族关系打下了良好的基础。

党还选派了大量干部到阿坝地区，向全州各族群众宣传党的民族政策，团结教育各民族上层人士，调解纠纷，帮助各族人民发展经济文化事业，为实现民族区域自治创造了条件。1950—1952年，川西人民行政公署组织访问团，代表中共中央、中央人民政府以及西南区和川西区党委、政府到阿坝地区慰问各族人民，免费为各族人民治病、演出和放映电影，使各族人民倍感温暖和喜悦，加深了对党的民族政策的了解、对党和政府的信任。随后阿坝地区进行了两次民族政策大教育、大检查，批判了大汉族主义思想，增进了民族团结，一种良好的新型民族关系逐步形成。

1976年“文化大革命”结束，所有工作逐步恢复到正常轨道。相继建立阿坝州藏文编译局、阿坝州若尔盖藏文中学、阿坝州若尔盖藏医院，各地学校继续开设藏语文课，一系列举措维护了民族团结和社会稳定。

党的十一届三中全会后，全面恢复党的实事求是思想路线和党的民族政策。阿坝州普遍深入地开展民族政策再教育，并全面推进民族政策的贯彻落实，为错案平反昭雪、培训藏文工作人员、恢复宗教信仰自由政策等等，进一步树立汉族离不开少数民族、少数民族离不开汉族、各少数民族之间也相互离不开的思想，巩固和发展了阿坝地区平等、团结、互助的社会主义民族关系。党的民族政策的春风再次吹遍了阿坝高原，涌现了许多民族团结的先进集体和个人。1985年，阿坝州第一次民族团结进步表彰大会在马尔康召开，表彰了全州各条战线涌现出的民族团结进步先进集体73个、先进个人256名。1999年，召开了阿坝州第二次民族团结进步表彰大会，表彰了在民族团结进步工作中做出显著成绩的模范集体和127名个人。2003年，阿坝州召开了第三次民族团结进步表彰大会，表彰了45个先进集体、65名模范个人。

随着改革开放的深化、社会主义市场经济体制的建立和西部大开发战略的实施，为了帮助少数民族和民族地区加快发展，保持民族地区社会、政治长期根本稳定，四川省委、省政府坚持实事求是、因地制宜、分类指导的工作方针，按照尽力而为、量力而行的原则，制定了一系列优惠政策和特殊措施，如1994年省委、省政府下发《关于促进民族地区发展的意见》，1995年省委印发《四川省第二次藏区工作会议纪要》，1997年省政府下发《关于民族地区到内地兴办企业有关税收返还问题的通知》，2001年启动《四川省民族地区教育发展十年行动计划》，

2003年省委、省政府印发《关于加强散杂居少数民族工作的意见》，等等。这些特殊政策和措施，对阿坝州经济社会事业的全面腾飞给予了强有力的支持，给民族地区的发展注入了内在的活力，从而为缩小民族地区与内地的差异、加强民族团结、促进各民族的共同繁荣提供了坚实有力的政策支撑，丰富了党的民族政策在新的时代条件下的具体内容，巩固和发展了平等、团结、互助、和谐的社会主义新型的民族关系。

在党中央的亲切关怀下，全州各族人民携手并肩、风雨同舟，共同谱写了民族团结进步的辉煌篇章。特别在“5·12”汶川特大地震、“8·8”九寨沟地震中，全国各族人民无私奉献、全力支持，全州各族群众患难与共、守望相助，在抗震救灾、灾后重建中谱写了一曲曲民族团结的感人乐章，成为全国展示民族团结进步的一个重要窗口。

民族团结是各族人民的生命线，是阿坝发展进步的基石。一代代阿坝儿女凝聚在党的旗帜下，绘就了一幅各族人民同心同德、和衷共济的美丽画卷；抒写了一部各族儿女成为一家人、结为一家亲、融为一家情，像石榴籽那样紧紧抱在一起的民族团结动人篇章，形成了各民族相互帮助学习、相互支持合作、共同发展建设美丽家园的优良传统。

二、创新阿坝创建模式

近年来，阿坝州坚持以习近平新时代中国特色社会主义思想为指导，深入贯彻习近平总书记关于民族宗教工作的重要论述，牢牢把握各民族“共同团结奋斗、共同繁荣发展”的主题，以铸牢中华民族共同体意识为主线，推出了一系列巩固、发展平等、团结、互助、和谐社会主义民族关系的重大举措，走出了阿坝创建路径，形成了阿坝创建模式，提炼了阿坝示范典型，开创了阿坝民族团结进步的崭新局面。

（一）抓住“三个关键”，健全机制

抓住持续开展这个关键。2010年，阿坝州在茂县和若尔盖县率先开展了民族团结进步创建试点工作；2011年，在全州全面启动创建活动；2018年，州委召开

十一届五次全会，确立了加快建设“一州两区三家园”的战略目标，将建设“全国民族团结进步示范州”作为核心主干，创建工作自上而下，全面铺开。

抓住体系建立这个关键。始终把创建示范州作为总抓手，成立书记、州长为双组长的创建领导小组，构建州县（市）乡村“四级联创”工作机制，落实“三级督查”制度，建立健全业务指导、考核验收、责任追究等机制，划定创建工作的时间节点和实现路径。召开动员会、专题研究会、工作推进会、领导小组会，适时通报工作进度，研究解决突出问题，安排部署当前工作，切实推动创建工作长效化、规范化。

抓住制度保障这个关键。在深入调研、广纳建议的基础上，出台了《阿坝藏族羌族自治州民族团结进步条例》《阿坝藏族羌族自治州创建全国民族团结进步示范州工作方案》《阿坝州全面深入持久开展民族团结进步创建工作、铸牢中华民族共同体意识的实施意见》等政策文件，建立“一年一表扬、五年一表彰”常态机制，制定民族团结进步创建动态管理、年度考核、模范（优秀）认定等办法，形成较为完整的制度体系，加快了创建工作规范化、法制化进程，有效保障了全国民族团结进步示范州成果的巩固提升。

（二）落实“三项措施”，抓工作核心

落实党对创建工作的领导。将创建工作作为“一把手”工程来推动，全州上下形成“党委领导、政府主导、群众参与、社会联动”的工作体系。大力开展“先锋堡垒·全域提升”基层党建攻坚行动，扎实推进软弱涣散基层党组织集中整顿。

落实“两联一进”群众工作全覆盖。全面开展联户联情、联寺联僧、法律政策七进的“两联一进”群众工作全覆盖，全州广大党员干部职工与19.2万户农牧民、1.8万名宗教人士开展结对认亲、困难帮扶，开展法律政策宣讲2700余场次，发放藏汉双语读本40余万册、普法产品3.5万余件，党群干群关系进一步密切。

落实民族干部培养使用。着力加强少数民族干部培养使用，全州共有少数民族干部36641名，占干部总数的68.5%。

（三）围绕“三个结合”，加快发展

与经济发展相结合。始终坚持把加快发展作为促进民族团结进步的总钥匙，

阿坝州民族团结进步条例立法调研工作座谈会

阿坝州民族团结进步条例立法调研座谈会

2017年阿坝县召开民族团结进步创建工作汇报会

阿坝州民族团结进步条例立法调研阿坝县座谈会

2018年10月23日，马尔康市《阿坝藏族羌族自治州民族团结进步条例》立法调研座谈会

2018年1月13日，红原县召开创建全省民族团结进步示范县动员大会

大力发展全域旅游、特色农牧、清洁能源、民族文化、“飞地”经济等优势产业。

与灾后重建相结合。坚持将创建工作与“8·8”九寨沟地震、“8·20”汶川强降雨特大山洪泥石流灾害恢复重建有机结合起来，着力打造民族地区绿色发展、全域旅游、脱贫奔康的典范。

与乡村振兴相结合。深入实施乡村振兴战略，全面推动农旅、文旅、体旅融合发展，建成现代农业产业合作示范区 5 个、“一村一品”专业村 211 个、省级幸福美丽新村 265 个。

（四）深化“三个推进”，促生态建设

推进生态保护。深入贯彻习近平生态文明思想，紧扣省委川西北生态示范区建设的战略定位，鲜明提出“一屏四带、全域生态”工作思路，坚决扛起建设天蓝、水绿、山青、土净全域生态屏障的职责使命。

推进生态建设。坚持“一增一减”，全面推进长江、黄河上游生态综合治理等生态保护与建设工程，2019 年，全州林草覆盖率达 80%，森林面积和蓄积量分别净增 6.9 万亩和 299 万立方米。

推进问题整改。坚持“清单 + 责任”机制，全力推进环保督察问题整改。坚持“常治 + 长治”思路，聚力打好污染防治“八大战役”，全州主要河流出境断面水质达 III 类以上标准，环境空气质量稳居全国、全省前列。

（五）聚力“三个突破”，改善民生

聚力精准脱贫攻坚。始终坚持以人民为中心的发展思想，扎实推进脱贫攻坚。目前，全州所有贫困县（市）均已实现脱贫。

聚力民生工程建设。全力抓好改善民生各项工作，农村“四好公路”建设加快推进，在民族地区率先实现行政村通达、通硬化路“两个 100%”，14.16 万农村人口饮水安全得到巩固提升，1354 个行政村实现通宽带，所有乡（镇）和九黄沿线实现 4G 网络全覆盖。

聚力社会事业发展。优先发展教育事业，扎实推进十五年义务教育，在四川民族地区率先实现县域义务教育基本均衡。持续推进健康阿坝建设，民族医药服

务能力稳步提升，实现省级卫生县城全覆盖，人均预期寿命提高到 72.13 岁。

（六）做好“三个加法”，提升实效

坚持“七进 +”。紧紧围绕阿坝实际，依托专家宣讲团、雪山草地马背宣传队等载体和平台，创新开展铸牢中华民族共同体意识宣传教育进机关、进企业、进村（社区）、进乡（镇）、进学校、进宗教活动场所、进军营等“七进 +”活动，不断推动创建工作向更深层次、更高水平、更广领域扩展。

坚持“教育 +”。坚持把凝聚人心、增进团结作为做好民族工作的重中之重，利用“两微一端”“一报一台一网”等媒介，采取群众喜闻乐见的方式，大力宣传党的民族宗教政策、国家法律法规和民族团结进步先进典型。坚持把培育和践行社会主义核心价值观与深化民族团结进步教育有机结合，纳入国民教育全过程，融入群众性精神文明创建活动，“三个离不开”“五个认同”思想深入人心。

坚持“示范 +”。积极推进示范命名的培树工作，全面表彰民族团结进步创建工作中涌现的模范典型，以示范引领推动创建工作。

（七）用好三个平台，联创联建

用好区域协作平台。依托成阿工业园区、德阿产业园区，以及川甘青边际协作，牵头建立川甘藏青交界涉藏地区州（市）民族团结进步联创机制，与成都市、德阳市、甘孜州、果洛州等建立联动联创机制，形成了思想联通促共建、稳定联管促和谐、业务联手促发展的工作格局。

用好用足东西扶贫协作和省内对口帮扶平台。推进与浙江嘉兴、绍兴、金华、台州、温州签署合作框架协议，深化产业发展、劳务协作、社会帮扶、交流交往等方面的交流合作，形成“东西结对、山海结盟、藏汉结亲、兄弟结义”的和谐民族关系。

用好开放合作平台。深化开放合作推进创建，积极参加“川港澳合作周”系列活动，与成都市签署 28 个专项合作协议深化区域合作，与四川省 8 个民主党派省委和省工商联、中科院成都分院等建立战略合作关系，进一步丰富了创建工作的特色内涵，拓展创建工作外延。

松潘县创建省级民族团结进步示范县"九进"工作现场会

2018 年红原县创建全省民族团结进步示范县初检反馈会

松潘县 2017 年宣传贯彻落实党的十九大精神送文化科技卫生法律"四下乡"活动

民族团结为阿坝发展增添动力，为民生幸福谱写和谐画卷。通过创建工作的扎实有效开展，阿坝各民族团结的基础更加坚固，进步的成果更加殷实，社会主义民族关系巩固发展，各族人民如同石榴籽那样紧紧抱在一起，像卷心菜一样越裹越紧，像酥油糌粑一样越揉越融合在一起，共担风雨、共克时艰，确保了大局稳定向好、发展稳中趋好、群众生活美好。如今的阿坝大地，无论是农区还是牧区，一个个民族团结新村星罗棋布，一个个舒适宜居的幸福美丽家园拔地而起，折射出新时代各族儿女的幸福生活。

国家民委副主任赵勇在阿坝州调研指导民族团结进步创建工作

各族儿女同台表演

全国民族团结进步教育基地——川主寺红军长征纪念碑碑园

全国民族团结进步教育基地——中国羌族博物馆新馆

三、团结进步示范典型

阿坝州开展民族团结进步示范州创建以来，坚持以习近平新时代中国特色社会主义思想为指导，健全创建工作体制机制，扎实开展“七进 +”活动，建立党员干部和农牧民群众、宗教界人士的结对帮扶制度，打造出一批氛围浓厚、亮点突出、成效显著的示范点，形成“争先创优、争做模范”的良好创建氛围。阿坝州坚持以创建引领经济社会发展，推动产业结构优化升级，加快基础设施建设，推进区域协调发展，民族团结进步的物质基础更加牢固。坚持把保障和改善民生作为推进民族团结进步创建的出发点和落脚点，聚焦决胜脱贫攻坚，全面落实就业、医疗、社会保障等民生领域政策，繁荣发展教育、科技、文化等各项社会事业，各族群众获得感、幸福感明显提升，民族团结进步的基础更加扎实牢固。

经过全州人民的齐心协力，2019 年，阿坝州成功创建成为全国民族团结进步示范州，民族团结进步事业取得新成效。阿坝州的生动实践，探索出一条富有民族自治地方特色的创建之路，为四川省民族团结进步事业作出贡献，为全国民族团结进步事业创新发展提供了宝贵经验。

此外，阿坝州还创建国家级民族团结进步示范县（市）2 个、示范区（单位）4 个和教育基地 3 个，省级民族团结进步示范县（市）10 个、示范区（单位）34 个和教育基地 3 个，州级民族团结进步示范（先进）区（单位）和教育基地 1913 个。252 个宗教活动场所被评为州级及以上文明和谐平安宗教活动场所；412 个模范集体、1284 个先进个人受到国家和省、州表彰。

马尔康市：全国民族团结进步示范区（单位）

阿坝州马尔康市于 2019 年被命名为第七批全国民族团结进步示范区（单位）。

马尔康，藏语意为“火苗旺盛的地方”。藏、羌、回、汉等 15 个民族在这里生息繁衍、共同发展，组成了一个 5.98 万人生活的和谐家园。改革开放数十年来，一代代马尔康人手足相亲、风雨同舟、开拓进取，各民族携手共舞团结发展的新锅庄。

促和谐，写好民族团结“大文章”。自民族团结进步创建工作实施以来，马尔康市成立了以市委书记和市长为组长的民族团结进步创建工作领导小组，各乡镇、市级各部门也相应健全了机构，并建立四大班子领导联系民族团结进步示范单位创建工作机制，形成了统筹协调、高位推动抓创建的良好格局。2011 年到 2019 年，受到命名的州级以上示范单位 121 个、县级单位 47 个；受到命名的州级示范教育基地 3 个；受到州表彰集体 10 个、先进个人 22 名；2018 年成功创建省级民族团结进步示范市。在创建过程中，马尔康市推行“八个一 +N”模式，培育了马尔康市第四小学、马尔康市检察院、卓克基红军长征纪念馆等具有综合示范效应的创建“示范点”，探索了卓克基镇—马尔康镇—松岗镇沿线串珠式的创建“示范线”，建成了以德治、法治、自治“三治融合”的三个社区民族团结进步协作共建共享共赢的“示范面”。学校开展“感恩教育”“爱心爸爸、贴心妈妈、知心朋友”手拉手等一系列的贴心服务，组织学生跳藏羌韵律操；组织寺庙的宗教界代表人士分批先后赴北京、上海、五台山、普陀山等地考察学习；大街小巷宣传标语、寺庙宣传栏、寺庙书屋，民族团结元素无处不在……马尔康市民族团结创建工作形成各领域、各行业齐头并进、百花齐放的良好局面。“两个共同”“三个离不开”“四个自信”“五个认同”入心见行，点点滴滴如春风化雨般滋润着民族团结之花。

强发展，为未来发展增信心。马尔康市坚持市域经济发展稳中求进总基调，以有效投资支撑高质量发展，通过汶马高速公路、双江口和巴拉水电站、S220 日部至热足段公路新（改）建、松岗 500KV 输变电工程等一大批重大项目建设，全市发展态势稳中提质，地区生产总值和“三项收入”保持中高速增长，每年均位列全州前茅。同时发展富民产业，夯实物质基础，以发展开启民族团结进步创建的“金钥匙”，筑牢民族团结进步的基石。近年来，马尔康市以发展特色农牧业为主导，围绕生态果蔬、高山牦牛、道地药材、藏香生猪、阿坝中蜂“五大基地”，强化“三品一标”认证。市级财政配套资金帮助农户因地制宜发展藏家乐、种养业、小商铺等增收项目。按照“五个紧紧围绕”的要求，狠抓脱贫攻坚工作，2018 年，贫困发生率降至 0.19%，圆满实现了“市摘帽”目标。一项项优异的成绩、一个个脱贫的案例，群众团结一心、加快发展的场景比比皆是，更加坚定了马尔康各族群众前进的步伐。

促民生，为群众幸福生活添砖瓦。民生所系民心所向，是马尔康市抓民族团

2018 年阿坝州州级各部门及马尔康市集中开展民族团结进步宣传月活动

在民族团结进步宣传月活动现场向群众发放宣传材料

结进步创建工作目标所至。在提升民生福祉上，持续抓好农村路、水、电、网等基础设施建设，统筹资金，建立教育、卫生两个扶贫救助基金实施特殊救助。完成教育、医疗、卫生设施和市政建设等一批民生工程项目，城乡建设水平上档升级。2018 年，全面落实各项教育扶贫政策，15 年免费义务教育全面推进。新建（维修）色江村、板德龙村等 7 个村级幼儿园项目，乡镇标准中心校建设成果进一步巩固，作用逐步发挥。2018 年，全市组建家庭医生团队 32 个，签约 51370 人，签约率 87%，建档立卡贫困人口签约率 100%；开展卫生人才业务培训 72 人次，建立市、州人民医院医疗联合体。建立高校毕业生就业见习基地，创立大学生创业孵化基地，举办大型招聘会，重点安排贫困家庭符合条件的劳动力就业，促进了贫困户稳定增收脱贫。一组组数据、一桩桩实事就是百姓的获得感、幸福感，人民生活更有保障、更有尊严、更加幸福。

九寨沟县：全国民族团结进步示范县

阿坝州九寨沟县于 2017 年被命名为第五批“全国民族团结进步创建示范县”。

九寨沟县位于川甘“两省四地”交界地区，自古以来就是多民族交往交流交融的重要走廊，全县现有藏族聚居乡 1 个，多民族杂居乡 14 个，少数民族人口占全县总人口的 32.6%（其中藏族占 26.8%、回族占 4.2%、羌族占 1.4%、其他少数

在九寨沟县郭元乡水田村（贫困村）开展以“加强民族团结，喜迎党的十九大，弘扬九寨精神，全力打赢脱贫攻坚战”为主题的宣讲活动

民族占 0.2%）。九寨沟县集世界自然遗产、世界人与生物圈保护区、绿色环球 21 三顶国际桂冠和国家 5A 级景区于一身，是中国旅游强县，也是全国首批“两山理论实践创新基地”，素有“民歌之乡”“琵琶之乡”“情歌之乡”之美誉。近年来，在奇山秀水之间，九寨各民族团结和睦、休戚与共，共同创造出一方和谐美丽的民族乐园。

滴水穿石，在改善民生中凝聚九寨力量。自开展脱贫攻坚工作以来，至 2019 年，九寨沟县农牧民人均可支配收入增长至 12866 元，增幅达 70%，贫困发生率下降至 0.15%；140 个机关单位结对联系 130 个村（社区）、5100 余名干部职工结对联系 19000 余农户，实现了用脚步量民情、用真情问民需、用行动解民忧，在九寨大地掀起了民族团结友爱互帮互助的新高潮。

培根铸魂，在筑牢团结基石中发扬九寨精神。面对九寨沟最大洪涝灾害，九寨儿女众志成城抢险救灾，平等、团结、互助、和谐的社会主义民族关系得到进一步巩固和发展。近年来，九寨沟县充分利用电视、网络、微信等传统媒体和新

九寨沟县财政局干部与帮扶村群众代表合影

媒体，采取“民族团结进步 +”宣传模式，对创建工作先进经验、典型事例进行全方位、多角度的宣传报道，凝聚起九寨儿女重建美好家园的强大精神力量。

齐心协力，在构建和谐中让团结之花开遍九寨。九寨沟县坚持以“全域法治·和谐九寨”建设为统揽，纵深推进扫黑除恶专项斗争；深入实施“乡村善治工程”，在 130 个村（社区）规范建立“村规民约”和“居民公约”；创新多元矛盾纠纷化解机制，建立了阿坝州首个“乡贤调解室”，排查化解矛盾纠纷 837 件。九寨沟县深入开展创建文明单位、文明乡村、文明校园、文明家庭等创建工程，积极开展“孝善和美俭”“诚信九寨、文明旅游”主题活动，让民族团结进步之花在九寨大地绽放得更加绚丽多彩。

武如川：全国民族团结进步模范个人

武如川是阿坝州茂县老年大学校长。2010 年，武如川从工作岗位上退休，但他选择继续为社会贡献余热。2013 年，武如川自发组织几名退休老干部，建立了阿坝州首所老年大学，让久居茂县的各族老人获得了平等的学习机会、交流互动的舞台和凝聚民族团结进步创建合力的阵地。

建校之初，在茂县县委、县政府的关心下，将原县民政局办公大楼划给学校

武如川带头开展弘扬民族文化、促进民族团结活动

使用，划拨工作经费 31 万元，采购 16 万元的教学器材，完善了学校的基础设施。随着办学的不断深入，师资、生源等问题开始凸显。为使学校工作逐步走向正轨，武如川充分挖掘学员中具有音乐、舞蹈、电脑、书画等方面才能的人才，相继开办了舞蹈班、声乐班、书画培训班、电脑培训班、太极拳培训班。为了改善办学条件，武如川自己筹资购买相机、笔记本电脑，亲手制作舞蹈和声乐教材，县内单位淘汰的旧设备修复后拿回学校使用，水电设施设备坏了自己修……在武如川的影响下，学校的师生自发美化校园，用自己的行动和作品抒发了对民族团结进步的理解和支持。

6 年时间，武如川凭着对老年大学的执着坚守，将老年大学发展成为一个拥有藏、羌、满、朝鲜、汉、回等 6 个民族、18 名老师、396 名学员的多功能老年大学，办学条件不断改善，民族团结进步创建基础不断夯实。

为使民族团结进步思想深入人心，学校加强学教联动联创，将宣教有机融入全县中心工作，通过双语、舞蹈班、器乐和声乐等培训班与脱贫攻坚、传承民族文化等工作相结合，开展老年大学“送文化下乡”“七进”系列演出 83 场次，成功的演出不仅展现了学校各族老年人的风采，还将老年人的余热温暖送到茂县的村村寨寨。

武如川用执着和坚守树立了榜样的力量，为茂县的老年教育事业和民族团结进步事业作出了贡献，开启了茂县老年民族团结进步事业焕发蓬勃生命力的新阵地。2019 年获“全国民族团结进步模范个人”荣誉称号。

李进：全国民族团结进步模范个人

从 2008 年开始，李进的春节都是在公益演出路上度过的。从“唐古拉风艺术团文化扶贫藏区行”活动到“两联一进·万企帮万村”，从“同心奔小康·光彩藏羌情”到“宣传十九大·同心建小康·光彩甘孜行”……无论是在大雪纷飞的牧场上，还是在酥油茶飘香的帐篷里，处处都能看到李进带着唐古拉风艺术团演职人员四处奔忙的身影。通过表演，为少数民族群众送去更多更好的文化产品，构筑各民族共有的精神家园。在加强民族团结的同时，还带动更多人脱贫致富。截至 2019 年，李进出资 1000 余万元开展精准扶贫公益演出和文化服务活动 360 多场次，平均每月两场，创造出中国民营艺术团爱心义演的多个“第一”。艺术团已培养和吸纳贫困地区歌手 200 余名、舞蹈演员 800 余名，占演职人员总数的 90%，实现了“一人参演，全家稳定脱贫”的目标。

李进身上彰显着心怀社会、心系人民的大爱情怀。壤塘县交通不便、教育基础条件薄弱，李进为该县茸木达乡巴桑村幼儿园送去价值 18 万元的设施。2018 年，李进响应“沿着总书记足迹·重走凉山扶贫路”号召，为凉山彝族自治州木里县西秋乡日布佐村捐资 8 万元助力产业发展。李进投资 10.86 亿人民币建设孟屯河谷风景区，提供就业岗位 500 余个，惠及上孟乡、下孟乡、薛城镇等 200 多户贫困户增收脱贫。

在李进的潜移默化影响和积极动员下，成都阿坝州商会中越来越多的人投入到扶贫事业中。“5·12”汶川特大地震、玉树地震、舟曲泥石流、芦山地震、“8·8”九寨沟地震……危难关头，总能看到他带领成都阿坝州商会会员赶赴灾区抢险救灾的身影。2016 年，成功举办阿坝州首届光彩“商会杯”精准扶贫公益篮球赛，募集资金 130 万元，全部用于阿坝州贫困村的教育、卫生、体育基础设施等项目建设。2018 年以来，成都阿坝州商会 15 家民营企业结对帮扶了阿坝州 16

李进（锦旗右）带领阿坝州商会为汶川捐款

个贫困村，累计落实帮扶资金 1.23 亿元，实施的扶贫项目涉及中药材种植、农畜产品加工、基础教育教师培训和医疗卫生等，惠及贫困户 1800 余户。

2019 年李进获“全国民族团结进步模范个人”荣誉称号。同年，担任四川省唐古拉风艺术团董事长的李进还荣获“全国脱贫攻坚奖奉献奖”。

自然人文篇

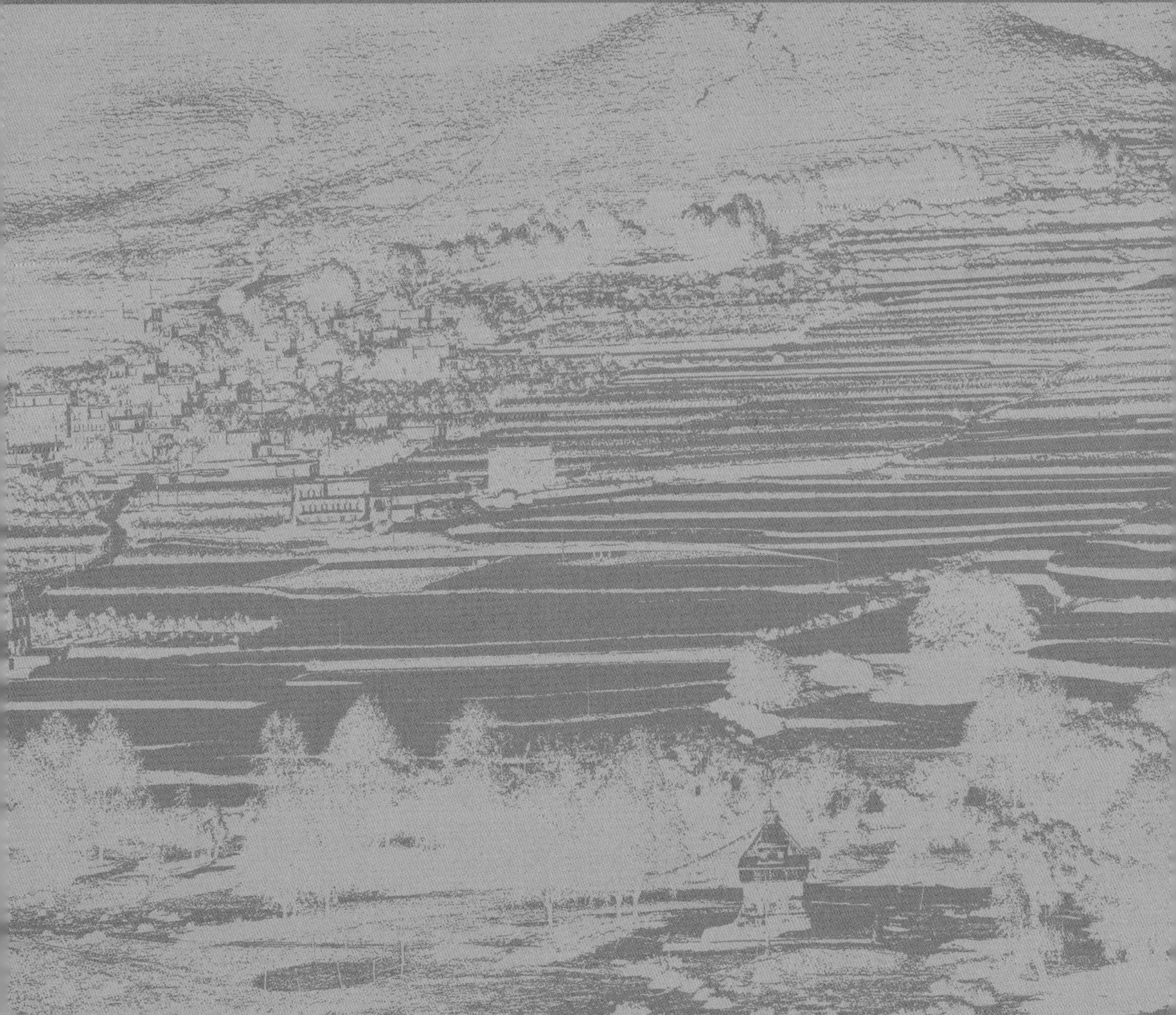

九寨沟树正瀑布

阿坝州复杂的地形地貌、多样的气候，构成了独特的地理环境，保留下世界上别的地方早已绝迹的动植物资源，如熊猫、珙桐等活化石；保留了在工业文明中难以找到的静谧、古朴的壮丽自然景观，如九寨沟、黄龙等世界自然遗产；蕴藏了丰富的水能资源、矿产资源。阿坝是四川第二大涉藏地区和全国最大的羌族聚居区，历史文化积淀深厚，民族风情异彩纷呈。这里拥有光辉灿烂的长征文化，当年红军在阿坝爬雪山、过草地，留下众多革命足迹。生态环境的独特性和人文历史的深厚底蕴为发展特色旅游业提供了天然的优势。

莲宝叶则

一、自然资源富饶优渥

阿坝州地处我国自然地理垂直地带中两大阶梯之间的过渡地带，属青藏高原东南缘横断山脉北端与川西北高山峡谷的结合部，地貌以高原和高山峡谷为主。东南部为高山峡谷区，中部为山原区，西北部为高原区。长江上游主要支流岷江、大渡河纵贯全境，是黄河流经四川的唯一地区，是黄河上游的重要水源地。阿坝州是世界十大生物多样性中心之一的青藏高原的一部分，也是我国川西—滇北植物特有现象中心的重要组成部分，是成都平原及长江、黄河上游的"绿色生态屏障"和著名的"珍贵生物基因宝库"。

高原霞光

川贝母

虫草

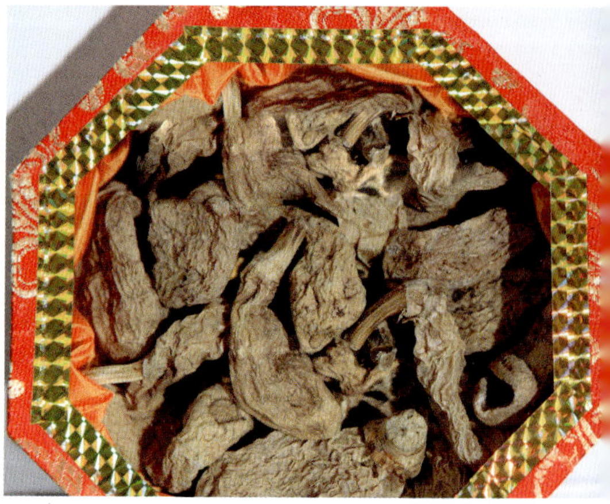
天麻

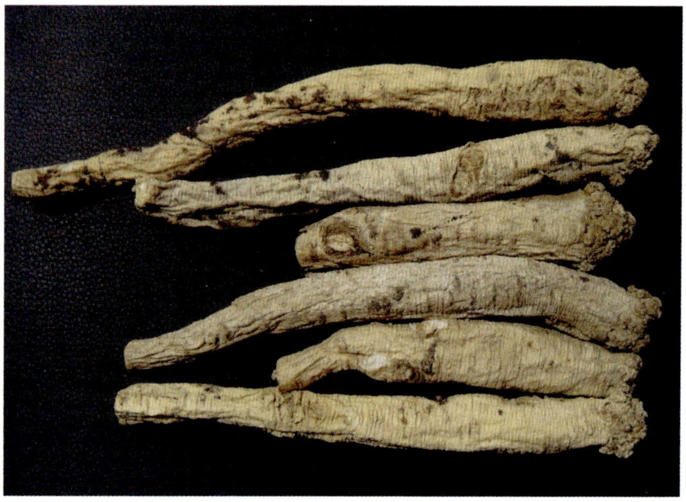
党参

秦艽

（一）植物资源

阿坝州自然环境的复杂性和独特性，使得植被类型齐全，丰富多样。阿坝境内有珙桐、红豆杉、岷江柏、紫果云杉等珍稀野生植物资源1500余种，其中药用植物1200种，有芳香油植物70种、淀粉植物37种、油脂植物80种、纤维植物79种、单宁植物68种。川贝母、虫草、红豆杉、黄芪、红景天、党参等名贵药材和羌活、秦艽、大黄等大宗药材十分丰富，其中刀党是古代上贡朝廷的佳品，松贝、当归、红芪、红毛五加等地道药材自古闻名，有“天然药库”之称。

羊肚菌

野山菌

绿尾虹雉

黑颈鹤

（二）动物资源

阿坝境内野生动物众多，稀有动物和山地动物资源极其丰富。脊椎动物资源有553种。其中兽类116种，鸟类338种，爬行类32种，两栖类23种，鱼类44种。州境内有国家一、二级保护动物76种。其中一级保护动物（兽类13种，鸟类10种）有大熊猫、金丝猴、雪豹、云豹、扭角羚、豹、梅花鹿、白唇鹿、野鹿、虎、藏羚羊、玉带海雕、金雕、绿尾虹雉（贝母鸡）、中华秋沙鸭、斑尾榛鸡、黑颈鹤、白鹤、四川山鹤鹑、雉鹑、胡兀鹫、马麝、林麝等23种；二级保护动物（兽类16种、鸟类36种、爬行类1种）有小熊猫、猞猁、黑熊、豺、兔狲、斑羚、岩羊、盘羊、水鹿、藏原羚、水獭等53种。生活在高山森林中的大熊猫、金丝猴和麋鹿等，是世界稀世之珍。栖息在若尔盖县境内的梅花鹿，是我国的一个特有品种，称为“四川梅花鹿”。为了保护和研究这里的珍贵动、植物，已设立了九寨沟自然保护区、汶川卧龙自然保护区、九寨沟县白河金丝猴保护区、若尔盖县铁布梅花鹿保护区、若尔盖湿地保护区等国家级和省级自然保护区24个，其中国家级4个，省级11个，州级5个、县级4个，总面积204万公顷，占全州面积的24.22%。

卧龙自然保护区里的大熊猫

斑尾榛鸡

猞猁

兔狲

中华秋沙鸭

白唇鹿

玉带海雕

牛羚

若尔盖降扎地区的铀矿

金矿

铅锌矿

（三）矿产资源

阿坝州的特殊地理结构，成就了其丰富多样的矿产资源。目前已发现矿种55个，有大型矿床12处，中型矿床10处，小型矿床36处。松潘县的“漳金”早已闻名中外，开采历史较早。小金汗牛董家沟、小金巴郎山脉、松潘川主寺西北和东北、壤塘南木达等处均分布有金矿，储量丰富。汶川、松潘、阿坝和若尔盖县有丰富的褐煤、烟煤和无烟煤储量。若尔盖、红原、阿坝县的泥炭资源储量大，分布集中，质量较好。若尔盖降扎地区的铀矿储量丰富，质量好，并伴生铅锌，为大型矿床。汶川三江口大金坪矿区、汶川卧龙空桐树金属矿区、理县梭罗沟之银厂沟金属矿区等处均伴生铅锌矿，其品位高，储量大。金川和小金县蕴藏石棉。汶川县的金刚砂储量大。此外，还有铜、铁、锰、钛、锡、锑、镍、锂、钟等矿藏。

嘉陵江

（四）水能资源

阿坝州境内江河纵横。黄河在阿坝州流经 165 公里。长江上游四川境内的主要支流岷江、嘉陵江、涪江均发源于阿坝州。岷江干流及最大支流大渡河纵贯全境，其流域内水量充沛、天然落差大，蕴藏着丰富的水能资源。全州大小河流 530 余条，多年平均水资源总量 446 亿立方米。水能理论蕴藏量 1933 万千瓦，占四川省水能蕴藏量的 14%；可开发量 1400 万千瓦，占四川省的 11%；水能资源特点是河流落差大、距离负荷中心近、年发电小时长、各类电站单位造价低。

为了保护生态，阿坝州对世界自然遗产地、自然保护区、风景名胜区外围的水能资源开发提出了明确要求，规定：除国家组织实施解决边远地区农牧民用电的小水电项目外，一律不再开发 5000 千瓦以下水电项目；在人口稠密区、生态脆弱区、地质灾害易发区、国家级自然风景名胜保护区以及其他具有特殊保护价值的地区，禁止开发水能资源。岷江干流茂县县城以上河段、梭磨河松岗以上河段、涪江上游丹云峡河段、白水河九寨沟县城以上河段作为首批禁止开发区域。

岷江

涪江

大渡河

二、旅游资源得天独厚

阿坝州旅游资源点多面广，具有明显的地域性特征。东部主要为世界自然遗产旅游板块，由九寨沟、松潘、黑水、茂县、理县、汶川、小金县组成，以世界自然遗产、大熊猫生态旅游及藏羌风情旅游资源为特色；西北部为大草原及安多藏族民俗风情旅游板块，由若尔盖、阿坝、红原、壤塘县组成，以草原风光和藏乡风情为特色；西南部为高山峡谷自然生态及嘉绒藏族风情旅游板块，以自然生态旅游资源及嘉绒藏族风情为特色。截至2019年，阿坝州已有各等级A级景区45个，其中5A级景区3个、4A级景区22个、3A级景区18个、2A级景区2个。其旅游资源特点集中体现在奇山异水、熊猫之乡、藏羌风情及藏传佛教文化、草原风光、红军长征遗迹五个方面。

红原大草原国家公园——山地海子野花

金川红叶谷

金川情人海

金川世外梨园景区

理县米亚罗红叶

莲宝叶则

双桥沟人参果坪

甲勿海彩林

四姑娘山猎人峰

迷人的奇山异水

阿坝州地处青藏高原东缘与四川盆地西北边缘交错地带，其东南部为高山峡谷区，区内山高谷深，河流深切，峰峦叠嶂，溪壑纵横。特殊的地质构造和自然地理、气候条件，塑造了规模宏大、造型独特的高寒岩溶地貌和湖泊峡谷风光。其中，九寨“梯湖叠瀑”、黄龙钙化彩池，有童话世界、人间瑶池之誉；卡龙景观石林成荫，彩池缤纷，有风韵初成、黄龙小妹妹之说；四姑娘山、雪宝顶出神入化，传说动人，有蜀山皇后、东方海螺之赞。尤其是世界自然遗产地九寨沟、黄龙世所罕见的奇山异水，足以震撼人心和令人叹为观止。

黄龙五彩池

雪宝顶

四姑娘山锅庄坪

九寨沟树正群海

野生环境中的大熊猫

卧龙大熊猫

可爱的熊猫故乡

卧龙是世界上少数的几处大熊猫栖息地之一，有世界上规模最大的大熊猫圈养种群，有中国保护大熊猫研究中心，有世界一流的大熊猫繁育场，是中国最早建立、面积最大的大熊猫保护区。在卧龙自然保护区境内，气候湿润，山清水秀，箭竹青葱。在这里生活着闻名中外的珍稀国宝大熊猫，其数量占了全国的10%，有“熊猫故乡”之誉。憨态可掬的大熊猫作为吉祥友谊的象征及和平友好的使者，已成为四川省的旅游品牌。

嘉绒锅庄

多彩的民族走廊

阿坝是“民族走廊”，历史文化积淀深厚，多彩的阿坝瑰丽迷人。千百年来，各民族用辛勤的劳动和无穷的智慧共同开发了阿坝，他们在这里互相融合、共同进步，形成了古老的民风、独特的民情、丰富的民俗，创造了璀璨夺目的民族文化。优美的藏、羌民歌，欢快的锅庄、沙朗，古老的藏戏、羌笛，清新的南坪弹唱，古朴的藏碉、羌寨，传统的民间工艺，独特的藏传佛教文化和艺术……这些多彩的藏羌民俗风情使来自五湖四海的游客倍感亲切，回味无穷。

“筛糠”体验活动

万人锅庄

曼扎塘湿地草原

美丽的草原风光

在阿坝州西部的若尔盖、阿坝、红原、壤塘四县，分布有一片面积约 28582.6 平方公里的天然草场。草场广袤无垠，黄河、白河蛇曲摆荡，蜿蜒其间，形成了九曲黄河第一弯的胜景。草原上绿草成茵，牛羊如云，牛扼湖星罗棋布，草原牧歌令人流连忘返，给人以“风吹草低见牛羊”的难忘感受。

红军长征过阿坝路线及革命遗址分布图

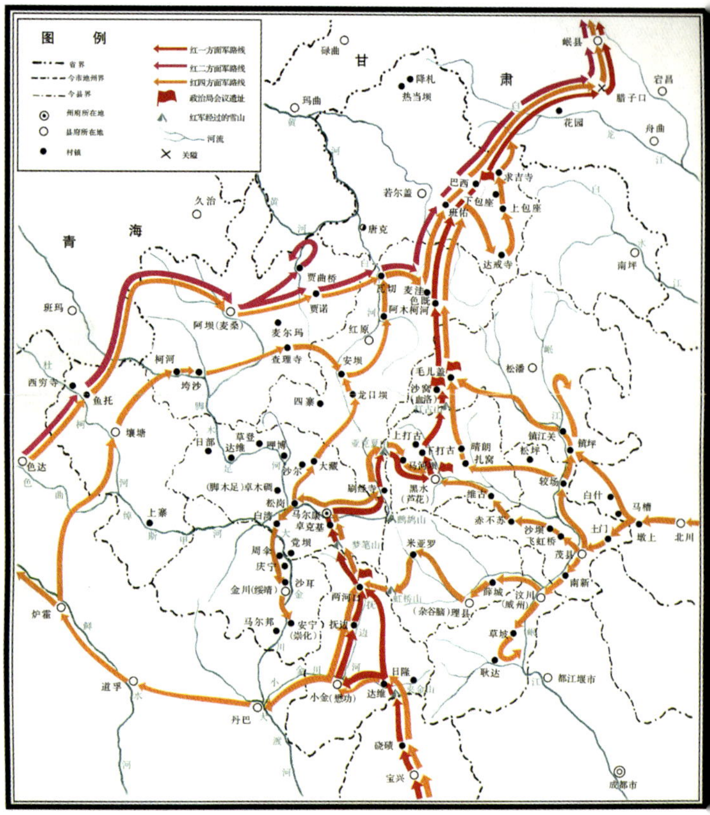

不朽的长征精神

阿坝是当年红军长征走过的“雪山草地”，红色的阿坝浩气长存。20 世纪 30 年代，人类军事史上的奇迹——中国工农红军长征最艰苦、最悲壮的历程在阿坝州，红军先后在这里召开了 11 次政治局会议，翻越了 8 座海拔在 4000 米以上的大雪山，3 次穿越了人迹罕至的茫茫草地，经历了数十次大小战斗，转战停留 16 个月，建立了中国革命最早的少数民族自治政权，创造了惊天动地的人间奇迹。全州 13 县被四川省人民政府认定为革命老区县。这里有周恩来总理亲自定名的红原县，有红军长征纪念总碑碑园。小金两河口遗址、马尔康卓克基会议旧址、红原瓦切红军长征纪念遗址、若尔盖巴西会议旧址都是红色旅游经典景区。阿坝这块红土将永远铭记并昭示红军精神，红军精神在这里彪炳千古。

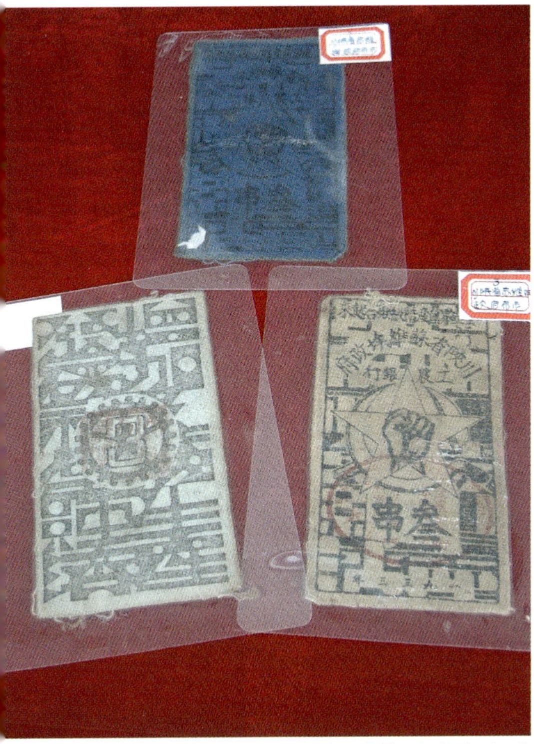

红军使用过的布币

红军使用过的银元

红军使用过的纸币

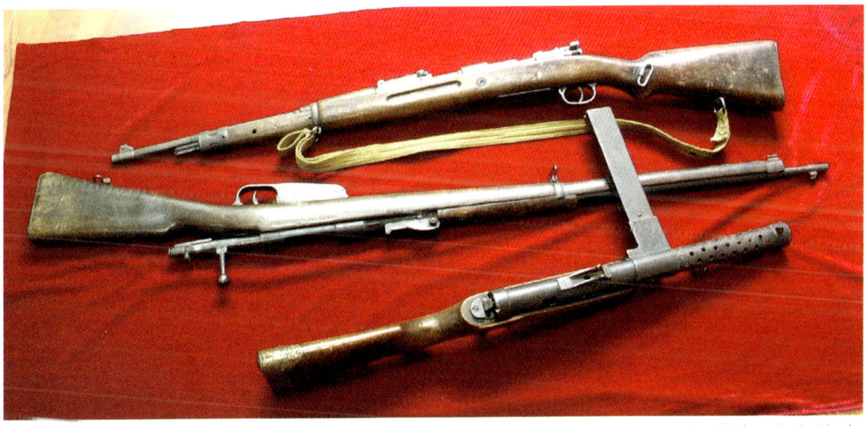

红军留下的枪支

金川苏维埃政权遗址

红军长征纪念碑

小金两河口会议会址

卓克基土司官寨冬日

三、历史古迹风景名胜

卓克基土司官寨

卓克基，史书亦称为“卓克采”，是藏语嘉绒话的汉语音译，意为“像桌子一样的地方”，源于卓克基土司官寨所处的台地地貌，像一张天然巨大的桌子。该官寨位于马尔康市卓克基镇西索村。

卓克基土司系清乾隆十三年（1748 年），因积极出兵协助清军“征剿”大小金川土司有功而授封，次年朝廷颁给“长官司”印信号纸。经过几任土司的不懈努力，西索长官司逐渐成为川西北著名的嘉绒十八土司之一。民国初年，因土司斯比登年参为格鲁派喇嘛，不娶绝嗣。1912 年由汶川瓦寺宣慰司索怀仁之子索观瀛过继承位，土司官寨即索观瀛在位时修建。

卓克基土司官寨

1935年7月红军长征期间，毛泽东、朱德等领导人曾住于老官寨中。1936年夏初，红军离开卓克基北上后，当地反动上层为嫁祸红军而放火焚烧官寨。1938—1940年，索观瀛调集数百名百姓及工匠历经3年之久，在原有基础上重新扩建，现为全国重点文物保护单位。

卓克基土司官寨建造年代虽短，但它规模庞大，构造精细，几乎囊括了嘉绒藏族建筑艺术之精华，是藏汉民族建筑艺术高度融合的典范，有很高的建筑研究价值，被誉为“东方民族建筑的一颗明珠”。它不仅是土司制度的历史见证，而且是民族发展史中的一段历史遗迹。

松岗直波碉群夜景

松岗直波碉群

直波碉群位于马尔康市松岗镇直波村内，依山势呈南北分布，共两座碉。北碉位于山腰，南碉处寨内，两碉相距 50 米。南俯梭磨河，西临莫斯都沟，是松岗土司官寨碉，建于清乾隆年间。

直波碉群均为八角碉，石块和泥砌墙，内有独木楼梯，平面外呈八角形，内呈圆形，整体由下往上渐内收成台体。高大雄伟，棱角分明，墙体平整如削，技术精湛，极为牢固，是八角碉中的杰作。系全国重点文物保护单位。

棒托寺喇嘛塔

棒托寺喇嘛塔及石经

棒托寺，又名“棒托夏周罗尔伍伦”，意为“棒托弘修宝珠寺院”，位于壤塘县茸木达乡。始建于元代，是一座藏传佛教宁玛派（红教）寺院。

棒托寺喇嘛塔共39座，多为明、清、民国时期修筑。其中以“尊胜塔”“降妖塔”“吉祥门塔”为其代表性建筑。石经主要集中在塔群中部，用不规则片石在正反两面镌刻，部分经文用红、黄、蓝彩绘，或装饰佛像。经文为《藏文大藏经》，分《甘珠尔》和《丹珠尔》两部，按经文顺序页码堆放。其中《甘珠尔》刻于明正统三年（1438年），采用甘孜德格藏经木雕版本。《丹珠尔》为清末民国初该寺活佛仁青·达尔基召集60余人，历时9年，耗费近亿枚银元刻制而成。

棒托寺喇嘛塔规模宏大，气势雄伟，建筑精致，在历史上曾与西藏降扎寺塔群、甘孜色达寺塔群齐名，并称藏族地区三大塔群。石刻藏文经书图文并茂，笔画流畅，疏密有致，阴阳相背，满板生辉，其数量之多，堪称全国之最，同时也是全国保存最完整的石刻藏经。其中《甘珠尔》具有重要的版本及研究价值。系全国重点文物保护单位。

错尔基寺

错尔基寺

错尔基寺，亦称“确基寺”，全称为“夏尔壤塘桑周罗尔吾伦”（意为“东方财神如愿成就宝贝寺”），位于壤塘县中壤塘乡中壤塘村，属藏传佛教之觉囊派寺院。该寺始建于明洪武十一年（1378 年）。

在觉囊派未传入之前，当地一直盛行原始宗教苯教，1146 年建立苯教寺庙。仲·然拉西日高僧于 1378 年在原苯教寺庙的所在地建起一座觉囊派寺院——壤塘寺。随着历史的演变，寺院规模壮大，壤塘寺逐渐分成三大寺院，即错尔基寺、泽布基寺和藏哇寺。错尔基寺得名于该寺第一任活佛“错尔基活佛”。

错尔基寺历史上曾经是这一地区的宗教中心，在川西北、甘南、青海东南部等地颇有影响。明代该寺活佛、大经师曾被朝廷赐予“禅师”“灌顶国师”封号，多次进京，所得赏赐颇丰。到了清代，因朝廷大兴格鲁教派，该寺势力渐趋衰弱。

现在错尔基寺建筑群中仍保存有明、清时代建筑 4 座，寺庙建筑基本完好。保存有数百幅明、清、民国以及现代绘制的唐卡，其中最大的一幅为明代晚期更木清大师布绘唐卡，高 32.3 米，宽 22.1 米，总面积 710 平方米。此外还保存有大量明、清时用金水、银水所写的佛经以及佛像、法器、镶宝石银质灵塔等。系省级重点文物保护单位。

日斯满巴碉房

日斯满巴碉房

日斯满巴碉房位于壤塘县宗科乡加斯满村石波寨，是该地土司为其画师修建的，现已传13代。按当地房屋“传孙不传子”的习俗计算，其建筑年代应在元末明初。该碉房为片石砌墙、木料营内的石木结构平顶建筑。碉房共分9层，下大上小。

日斯满巴碉房是阿坝州发现的年代最久、层数最多而且最高的典型藏族传统民居建筑，它与史籍所载秦、汉时盛行于川西北地区的“依山居止，累石为室，高十余丈”之“邛笼”建筑一脉相承，具有较高的历史及科学研究价值。系省级文物保护单位。

甘堡藏寨

甘堡藏寨

甘堡藏寨坐落于理县甘堡乡境内，是一个有100余户居民的藏族村寨。石砌碉房均依山而建，户户相连、错落有致，气势恢弘、蔚为壮观。以古文化、古建筑、古风情、古岩洞、古化石为主的“五古风韵”而著称。藏寨遗存了屯兵文化；有独具嘉绒藏族碉楼风格的古庙宇、官邸、民居、廊桥、白塔；有别具风情的藏寨五屯服饰、锅庄、壁画、经幡；在藏寨旁边，还有几处戈基摩崖墓葬以及两处千年古树化石。

该寨是保留最完整、规模最大的嘉绒藏寨，有着独特古朴、自然厚重的建筑风格，令人惊叹！

色尔古藏寨

色尔古藏寨

黑水县色尔古乡色尔古藏寨依山脊而建，座座碉楼相依相连，居高临下，自成方圆。

色尔古藏寨由上寨、下寨和娃娃寨3寨组成，共有人家140多户、400多人。各寨通往各户的甬道片石镶嵌、阶梯密布、纵横交错，初临其中，如入八卦阵。整个藏寨结构严谨。每家的门楣上方都镶嵌着一块2米长的方形石板，刻绘着色彩鲜艳的图案及藏文六字真言。

色尔古藏寨的特色是一个甬道就是一个寨子，一个寨子就是一个水网，一个藏寨就是一幅风景画面。特别是密布藏寨的水网，不知藏寨的祖先花费了多少心血才得以建成，为了感谢祖先的功劳，每年农历正月十三，寨子里的所有男性寨民都会沿着这条水渠走到水源地开展祭祀活动和抛撒龙达。

桃坪羌寨

桃坪羌寨

桃坪羌寨位于理县杂谷脑河畔桃坪乡，距离理县城区 40 公里，距汶川城区 16 公里、成都 139 公里，为九黄旅游圈的重要景区。桃坪羌寨是尚有人居住的世界上保存最完整的碉楼与民居融合的建筑群，享有“天然空调”美誉。其完善的地下水网、四通八达的通道和碉楼合一的迷宫式建筑艺术，被中外学者誉为“羌族建筑艺术活化石”“神秘的东方古堡”。系全国重点文物保护单位。

黑虎古碉群

黑虎古碉群

在茂县黑虎乡鹰嘴河山梁上，散布着大大小小十多座建筑格调各异的羌族古碉群，其中保存完好的有 7 座。这些古碉群的平面形状有四角形、六角形和八角形，都是以本地区丰富的石块、片石为材料，用小石块揳缝，用黄土与草秸做成黏合剂，相互错落搭接而成。

黑虎古碉群大多始建于清代咸丰年间，是依地形地貌特点和防御性需要而建造的，享有“云朵上的古碉群”的美誉，系全国重点文物保护单位。

布瓦黄土碉群

布瓦黄土碉群位于汶川县威州镇克枯乡布瓦山上，是川西高原羌族传统军事防御碉的主要形式，被誉为“中国最后的黄泥土碉群”，又因碉群为黄泥黏土夯筑，呈淡紫红色，所以也被人们称为“铜碉群”。

碉群由 5 座黄泥土碉组成，碉为四角形，高 18 ~ 20 米不等。互为犄角，构成完整防御体系。战时主要用于防御，一旦有事，附近各户老幼妇孺均可入内躲避；平时则多用于贮藏粮草。

布瓦黄土碉群历经两三百年的风霜岁月，现仍保存完好，系全国重点文物保护单位。

松潘古城墙

松潘古城墙

松潘古城墙位于松潘县进安镇。松潘是历代重要的军事要塞，为川西北地区的北方门户，自古以来就是西北通向西南的民族走廊。特别是唐、宋时期，吐蕃王朝直接威慑朝廷在西南地区的统治，松潘的军事战略地位更加突出。两朝不仅委派官吏，修筑城池，而且还派驻重兵。

唐武德元年（618 年）始设松州。太宗贞观二年（628 年）又置都督府。文宗太和三年（829 年），剑南道西川节度使李德裕于此筑柔远城“以扼西北吐蕃”，是为松潘土城建制之始。宋、元两朝因之。明洪武十二年（1379 年），平羌将军丁玉在平定威、茂土司后，挥师北进据松州。鉴于松潘在军事上的独特战略位置，朝廷批准设“松州卫”，建城驻兵，后又将“潘州卫”并入，称“松潘卫”。保存至今的土城墙即为此时所筑。

城墙总长 6.2 千米，用本地烧制的青砖砌成墙身，内夯土石而成，高 12.5 米，厚 12 余米，以糯米、石灰、桐油熬制的灰浆粘连勾缝，坚固异常。城墙的长度、高度、厚度以及城门上的浮雕石刻之精美在川西北地区都是首屈一指的，在全国范围内也不多见，特别是其城门的进深度更为当时全国之最。松潘古城规模宏伟，气势非凡，是全国重点文物保护单位。

红一、四方面军会师遗址——小金天主教堂

红一、四方面军会师遗址——小金天主教堂

小金天主教堂位于小金县城美兴镇的政府街东段今中共小金县委大院内东侧，坐西向东，呈四合院布局，占地 1022 平方米。北傍小金川河，东临美沃沟，系法国传教士余廉霭于 1919 年主持修建。现左厢房已拆，其余建筑基本完好。

红军长征时，红一、四方面军干部联欢会在主厅召开，毛泽东、周恩来等中央领导住厢房和前厅内。1935 年 6 月 21 日，总政治部在天主教堂内举行了隆重的会师联欢大会，红一、四方面军驻懋功地区团以上的干部参加，党中央和总政治部代表博古和朱德总司令讲了话，两支部队的干部交流了战斗业绩，并互赠礼品。在此期间，毛泽东在天主教堂住处接见了李先念等四方面军的高级干部，详尽地分析了当时的形势，提出了会师后的方针和任务，并号召广大指战员坚决拥护党中央北上抗日的正确主张。现该地为省级文物保护单位。

两河口会议会址

两河口会议会址

两河口会议会址位于小金县城北 70 千米两河口镇的关帝庙。关帝庙建于清代。两河口地处虹桥沟与抚边河交会口，北靠梦笔山，是小金至马尔康的重要交通中继站。

1935 年 6 月，中国工农红军长征途中，于 26—28 日在此召开了红一、四方面军会师后的第一次中央政治局扩大会议。参加会议的有毛泽东、朱德、周恩来、王稼祥、洛甫（张闻天）、博古（秦邦宪）、张国焘、刘伯承、凯丰（何克全）、刘少奇、李富春、彭德怀、林彪、聂荣臻、邓小平、林伯渠等。

两河口会议统一了红一、四方面军的战略方针和行动部署，奠定了中央北上战略方针的基础，拉开了同张国焘右倾逃跑主义斗争的序幕，在中国革命史上具有重大历史意义。该遗址被列为省级文物保护单位。

红军长征纪念碑碑园

红军长征纪念碑碑园

红军长征纪念碑碑园位于松潘县川主寺镇。1985 年，为纪念中国工农红军二万五千里长征这一人类历史上的伟大壮举，弘扬长征精神，中共中央、中央军委决定在四川境内修建一座红军长征纪念碑。1987 年，建碑的选址、勘察、规划、设计等筹备工作基本就绪。1988 年，建碑工程破土动工，邓小平同志亲笔为碑园题写园名。1990 年 8 月 25 日，在碑园举行了隆重的落成典礼。江泽民、杨尚昆、李鹏、李先念、邓颖超、徐向前、聂荣臻、王震、刘华清、萧克、张爱萍等党和国家领导人及老红军先后为碑园题词。

红军长征纪念碑及碑园是我国唯一一座反映红军二万五千里长征的纪念总碑。现已成为全国各族人民缅怀红军先烈，追忆红军英雄业绩，进行爱国主义、革命英雄主义和革命传统教育的革命纪念圣地。为省级文物保护单位。

九寨沟雪景

九寨沟

九寨沟位于阿坝州九寨沟县漳扎镇，是白水沟上游白河的支沟，以有 9 个藏族村寨而得名，以翠海、叠瀑、彩林、雪峰、藏情、蓝冰“六绝”著称于世。九寨沟主沟呈“Y”字形，由树正沟、日则沟、则查洼沟三条主沟构成，总长 50 余公里。九寨沟海拔在 2000 米以上，遍布原始森林，沟内分布 108 个湖泊，有“童话世界”之誉，为全国重点风景名胜区，被列入世界遗产名录。2007 年 5 月 8 日，阿坝藏族羌族自治州九寨沟旅游景区经国家旅游局正式批准为国家 5A 级旅游景区。2010 年 10 月 29 日，九寨沟正式成为全国首个“智慧景区”。

黄龙冬景

黄 龙

黄龙名胜风景区位于松潘县境内，黄龙主要由黄龙沟、牟尼沟、红军长征纪念碑碑园、丹云峡、雪宝顶等景点构成。人们常说的黄龙主要指黄龙沟，藏语“瑟尔嵯”，意为“金色的海子”。黄龙名胜风景区以规模宏大、类型繁多、结构奇巧、色彩丰艳的地表钙化景观为主，在中国风景名胜区中独树一帜。黄龙名胜风景区获得世界生物圈保护区和“绿色环球 21”认证、国家地质公园、国家 5A 级旅游景区等殊荣。1992 年 12 月被联合国教科文组织作为自然遗产列入《世界遗产名录》。

四姑娘山

四姑娘山

四姑娘山位于四川省阿坝藏族羌族自治州小金县与汶川县交界处，由四座连绵不断的山峰组成，它们从北到南，在 3~5 公里范围内一字排开，其海拔高度分别为 6250 米、5664 米、5454 米、5355 米。四座山峰长年冰雪覆盖，犹如头披白纱、姿容俊俏的四位少女，依次屹立在长坪沟和海子沟两道银河之上，其中最高最美的雪峰就是幺妹“四姑娘”。四姑娘山景区主要由“三沟一山”组成，四姑娘山的核心景区包括双桥沟、长坪沟、海子沟和四姑娘山。

达古冰川景区索道

达古冰川

达古冰川风景名胜区位于四川省西北部、黑水县境内，保护区面积 630 平方公里，规划旅游区面积 210 平方公里。同九寨沟、黄龙遥遥相望，与红原大草原山水相连。在 2300 ~ 5100 米之间，随海拔次第升高，各类景观蔚为大观。保留有规模宏大的第四纪古冰川遗迹，转瞬之间，恍惚千年。湛蓝的天空下，连绵起伏的雪山挂在天际，高原湖泊星罗棋布，林海雪原生机盎然，云系山腰、层林尽染、炊烟缭绕……构成了一幅幅人与自然相融相生的精美画卷。

九鼎山

九鼎山

九鼎山位于岷山山系龙门山脉中部，最高海拔高达 4989 米，属龙门山脉群峰中最高点。其独特的风光是将草地、雪山、原始森林与佛光、幻影、云海等自然景观、人文景观、天象景观融为一体。景区内有动物活化石之称的国宝大熊猫和植物活化石之称的珙桐、银杏等 300 多种动物和 3000 多种植物，可谓地史奇观的自然博物馆，不仅具有极强的旅游观光价值，而且还有极高的科学与审美价值。

汶川特别旅游区

汶川特别旅游区

汶川特别旅游区是国家5A级旅游景区，2008年5月12日汶川特大地震重建后特别开发的纪念性和文化主题景区，由烟雨三江、水磨古镇、天地映秀组成。这里不仅山水秀丽，具有生物多样性特点，而且历史文化底蕴深厚，民族文化异彩纷呈，生态、地质文化博大精深。自然风光与浓厚的乡土风情、民族文化、人文景观及田园风情交相辉映，独具魅力。

红原牦牛乳业

四、境内物产丰饶多样

阿坝红原牦牛奶粉

红原牦牛奶粉是红原县特产，中国国家地理标志产品。由于牦牛无法圈养，只有散养，完全靠自然泌乳，每头牦牛每天平均产奶 1.5 千克，产奶量仅为普通奶牛的 1/35。同时，受自然环境的制约，牦牛每年只在 6 月—10 月受孕和产奶，产奶期短。红原牦牛奶粉产量少，市场供不应求。红原牦牛奶粉呈均匀一致的乳黄或乳白色，乳香纯正，营养丰富。2015 年 12 月 29 日，原国家质检总局批准对“红原牦牛奶粉”实施地理标志产品保护。

汶川甜樱桃

汶川甜樱桃

优质优产的汶川甜樱桃让汶川县先后获“樱桃之乡”“甜樱桃基地”称号，在四川农村改革开放30周年大型巡礼活动中，汶川甜樱桃还被评为“天府十宝”。

汶川甜樱桃原产欧洲，性喜冷凉干燥、日照充足，由于对生态条件要求严格，适应区域狭小，全国种植面积不大。而汶川境内海拔高，日照强，温差大，境内气候既可以满足甜樱桃对低温的要求，又无冻害之忧，且十分有利于糖分的积累和果实着色，为甜樱桃优质栽培区，所产樱桃果大、色泽鲜艳，果肉肥厚质脆，味甜、离核，品质极佳。

采摘苹果

小金苹果

阿坝州小金县素有“苹果之乡”的美誉，是“优质苹果国家农业标准化示范区、无公害农产品基地”。“川星 75-1”号苹果早在 1975 年举办的全国铜川商品苹果鉴评会上就取得第一名，“川星 75-2”“川星 75-3”和“金冠”苹果后来又分别荣获过第一名和第二名。小金苹果在品种上不断更新换代，现有祝光、红富士、红星、青冠、金冠等十多个品种，以金冠苹果最佳，形美色鲜，果面金黄，皮薄无斑，果肉细腻，汁液丰满。获国家级优质果品、优质农产品和四川省名优果品等众多荣誉。

松茸

松　茸

阿坝州小金县是全国松茸四大产区之一。小金松茸主要生长在海拔 3000 ~ 3800 米的亚热带半干旱河谷气候区高山向阳坡面，这里的松茸菌肉白嫩肥厚，质地细腻，口感极佳，有丰富的营养价值。小金松茸 1985 年开始打入国际市场，年产量可达 30 吨左右。

九寨沟蜂蜜

九寨沟蜂蜜

九寨沟蜂蜜是四川省阿坝州九寨沟县的特产。九寨沟县中蜂养殖得到专家高度重视，认为九寨沟蜜源植物资源和中蜂种质资源十分丰富，蜂蜜和原生态蜂蜜发展空间和发展潜力很大，对保护中华蜜蜂种质资源遗传多样性具有十分重要的意义。2014 年，九寨沟县畜牧工作站申报的“九寨沟蜂蜜”通过农业部农产品质量安全中心审查和组织专家评审，实施国家农产品地理标志登记保护。

地理标志保护产品——茂县花椒

茂县花椒

茂县花椒栽培历史悠久，质地优良，驰名全国。“大红袍”花椒是“西路花椒”代表品种，以油重粒大、色泽红亮、芳香浓郁、醇麻可口的独特风味，在市场上享有较高声誉。茂县花椒是川西北高原羌寨无公害自然绿色特产，种植规模6万亩，年产量1200吨，是茂县农业主要经济作物。

茂县李子

茂县李子

茂县李子为农产品地理标志产品。在茂县，人工种植李子已有数千年历史，如今这里是全国著名落叶水果之乡，拥有 3 万亩脆李，是国家绿色食品生产基地。茂县李子果面亮丽有光泽，果肉厚，纤维少，味甜，爽口脆嫩，香气浓郁，品质上等，耐贮运，深受广大消费者喜爱。

四川河曲马

松潘贝母

若尔盖河曲马

若尔盖河曲马是阿坝州若尔盖县的特产。河曲马与内蒙古三河马、新疆伊犁马被誉为中国三大名马。河曲马史称“南番马”，已有1300多年的历史，它以青、甘、川三省交界处的青海河南蒙古族自治县、甘肃玛曲县、四川若尔盖为主要产地。因其主要分布区处在黄河河曲地带，1954年由西北军政委员会正式定名为“河曲马”。

河曲马平均体高132～139厘米，体重为350～450千克。马头稍显长大，鼻梁隆起，颈宽厚，躯干平直，胸廓深广，体形粗壮，具有绝对的挽用马优势。其性情温顺，持久力较强，对高寒多变的气候有极强的适应能力，疲劳恢复快，故多作役用，驮运100～150千克，可日行40～50千米。

松潘贝母

贝母为百合科多年生草本植物的鳞茎，是止咳化痰的一味常用中药。按其产地划分，例如产于浙江的叫浙贝，产于安徽的叫皖贝，其中四川产的川贝质地最优，是享誉世界的名贵中药材。川贝又以产于松潘的松贝最好。松潘贝母获得了国家地理标志证明商标。

结 语

一幅幅画面，一段段文字，一个个故事，记录着曾经的沧桑，镌刻着今日的辉煌，饱含着铭恩奋进的情怀，承载着对美好未来的憧憬。

忆往昔，峥嵘岁月，铸就辉煌。

看今朝，山河壮丽，安居乐业。

展未来，蓝图绘就，壮志满怀。

今天的阿坝各族人民将牢记习近平总书记殷殷嘱托，更加紧密地团结在以习近平同志为核心的党中央周围，永远听党话、感党恩、跟党走，高举中国特色社会主义伟大旗帜，不忘初心、牢记使命，勇于创新、锐意进取，让生态保护更扎实、产业致富更坚实、民生改善更温暖、民族团结更牢固，共同谱写中华民族伟大复兴中国梦美丽阿坝新篇章！

后　记

经过多方努力和精心准备，《美丽中国·和谐家园——民族自治地方发展成就展巡礼》系列丛书（以下简称“《巡礼》系列丛书”）终于与广大读者见面了。编纂《巡礼》系列丛书旨在打造“永不闭幕”的民族自治地方发展成就展，提供书写新时代、记录民族自治地方发展成就的“微型百科全书”。国家民委高度重视丛书的编纂工作，有关领导审批了编纂方案。办公厅致函相关省区民（宗）委协助做好《巡礼》系列丛书图文资料的补充、更新、审核等工作，文化宣传司等部门对编纂工作给予了具体指导。相关省区民（宗）委和各自治州州委、州政府及民（宗）委给予了大力支持，确定联络员协助做好有关工作。民族画报社积极支持，提供相关图片资料；民族出版社承担了出版任务，做了大量工作，谨此一并致谢！

《巡礼》系列丛书是在展览的基础上补充完善相关资料，图片、文字均未能支付稿酬，深表歉意！因水平有限，疏漏在所难免，敬请读者批评指正。

《美丽中国·和谐家园——民族自治地方
发展成就展巡礼》系列丛书编委会

图书在版编目(CIP)数据

美丽中国·和谐家园：民族自治地方发展成就展巡礼. 阿坝藏族羌族自治州卷 / 民族文化宫编. -- 北京：民族出版社，2021.6
ISBN 978-7-105-16423-3

Ⅰ. ①美… Ⅱ. ①民… Ⅲ. ①中国共产党 - 民族工作 - 成就 - 阿坝藏族羌族自治州 Ⅳ. ①D633

中国版本图书馆CIP数据核字（2022）第063472号

责任编辑　姚启星
装帧设计　金晔
出版发行　民族出版社
地　　址　北京市和平里北街14号
邮　　编　100013
网　　址　http://www.mzpub.com
印　　刷　北京盛通印刷股份有限公司
经　　销　各地新华书店
版　　次　2022年7月第1版　2022年7月北京第1次印刷
开　　本　880毫米×1230毫米　1/16
印　　张　18
定　　价　380.00元
ISBN 978-7-105-16423-3 / D·3297（汉·529）

该书若有印装质量问题，请与本社发行部联系退换
编辑室电话：010-58130512　发行部电话：010-64224782

ISBN 978-7-105-16423-3